Estudio de 1 Corintios II

Estudio de 1 Corintios II

Dr. Jaerock Lee

Estudio de 1 Corintios II, escrito por el Dr. Jaerock Lee
Publicado por Libros Urim (Representante: Kyungtae Noh)
73, Yeouidaebang-ro 22-gil, Dongjak-Gu, Seúl, Corea
www.urimbooks.com

A menos que se indique lo contrario, las citas bíblicas son tomadas de LA BIBLIA DE LAS AMERICAS © Copyright 1986, 1995, 1997 by The Lockman Foundation. Usadas con permiso.

Derechos de autor © 2016 por el Dr. Jaerock Lee
ISBN: 979-11-263-0063-1 04230
ISBN: 979-11-263-0061-7 (set)
Derechos de traducción al inglés © 2014 por la Dra. Esther K. Chung. Usado con permiso.

Publicado originalmente en coreano por Libros Urim, en el 2008.

Primera publicación: Febrero 2016

Editado por la Dra. Geumsun Vin
Diseñado por la oficina editorial de Libros Urim
Impreso por Yewon Printing Company
Para mayor información contáctese con urimbook@hotmail.com

Guía espiritual y material para los creyentes

La gente que vive actualmente en el mundo moderno, quizás se pregunte o tenga conflicto dentro de sí por causa de la confusión de los valores. Esto no se limita a los no creyentes solamente, sino que todos podemos enfrentar varios tipos de problemas incluso mientras llevamos una vida de fe. Esos problemas quizás incluyan desacuerdos, diferencias de opinión, juicios, matrimonio y divorcio.

El enemigo diablo y Satanás tienta constantemente a los creyentes para causar que vivan fuera de la Palabra de Dios. De este modo, los que intentan vivir de acuerdo a Su Palabra quizás tengan preguntas respecto a la Palabra y su aplicación práctica para la solución de problemas.

Este era el caso en la iglesia de Corinto, que en el tiempo de

Pablo era una ciudad ocupada con muchas personas de varias culturas y diversos trasfondos étnicos. Había clases sociales definidas y la población adoraba a un número variado de dioses. Existía también un alto grado de corrupción moral.

Al vivir bajo aquellas condiciones, los creyentes en la iglesia de Corinto tenían muchos conflictos y problemas. Además, ya que la iglesia se había establecido hacía poco tiempo, tenían dificultades para llevar sus vidas en la fe. Con el propósito de ayudarles a llevar una vida cristiana madura, el apóstol Pablo les dio respuestas bíblicas a muchas interrogantes y problemas.

Estas respuestas y una manera de resolver estos problemas que pueden tomar lugar en nuestras vidas cotidianas se registra en la primera carta de Pablo a la iglesia de Corinto, conocida como 1 Corintios. En la compleja sociedad actual se hace importante que aprendamos y entendamos cuidadosamente este contenido.

Este libro, *Estudio de 1 Corintios, Volumen 2*, explica cómo comprender y poner en práctica los asuntos relacionados con conflictos, la evangelización, el matrimonio, la idolatría y los dones espirituales. Usted podrá llevar una vida cristiana más poderosa si encuentra el camino correcto al entender su problema a la luz de la Palabra de Dios.

Extiendo mi gratitud a Geumsum Vin, Directora del Departamento Editorial de Libros Urim, y a todo el personal. Ruego en el nombre del Señor Jesucristo que todos los lectores comprendan con claridad la voluntad de Dios y la pongan en práctica para que puedan recibir abundantes bendiciones de Su parte.

Jaerock Lee

Introducción

Presentación de la Primera Epístola a los Corintios

Presentación de la Primera Epístola a los Corintios

1. Acerca del escritor de la Primera Epístola a los Corintios

El escritor de la primera epístola a los Corintios es el apóstol Pablo. Antes de creer en Jesucristo, su nombre era Saulo. Él nació en Tarso de Cilicia y recibió instrucción por parte de Gamaliel, quien era un maestro de la Ley muy respetado por el público.

Ya que había estudiado con el mejor maestro de la época, el conocimiento de Saulo sobre filosofía era excelente. Él amaba mucho a Dios y guardaba estrictamente la Ley. Se podía decir que él era un 'Hebreo de los hebreos', ya que pertenecía a la clase alta y era ciudadano romano, por lo que contaba con plena ciudadanía del imperio romano.

Antes de conocer al Señor Jesús, Saulo perseguía a los

creyentes en el Señor porque pensaba que eran una amenaza a la religión judía; tomó el mando de la persecución y encarcelaba a los creyentes.

Conoció al Señor Jesucristo en su camino a Emaús; él estaba viajando con un documento oficial del sumo sacerdote para arrestar a aquellos que eran creyentes y seguidores de Jesús. Debido a que Dios conocía el amor que Saúl le tenía, lo escogió para hacerlo Su discípulo. Dios lo apartó desde el inicio de los tiempos porque sabía que se arrepentiría y se convertiría en alguien muy fiel al Señor Jesús si tan solo tenía un encuentro

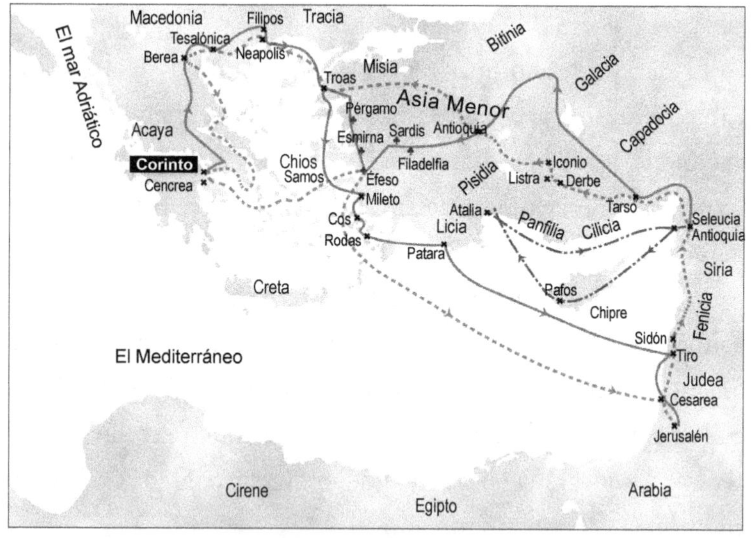

Los viajes misioneros del apóstol Pablo
(Primero ——·, segundo ---, tercero ——)

con Él.

Saulo llegó a ser conocido como 'Pablo'. Él trabajaba fielmente, incluso al punto de la muerte, en calidad de 'apóstol a los gentiles'. Él estableció las bases para la difusión del evangelio hasta el fin del mundo por medio de sus tres viajes misioneros, y estableció muchas iglesias en Asia Menor y en Grecia.

A partir del momento que conoció al Señor, el apóstol Pablo decidió dedicarse al Señor con toda su vida y cumplió su deber por completo en calidad de siervo de Dios y como un apóstol.

2. Corinto

Corinto era una gran ciudad en la parte sur de Grecia. En la época de Pablo, Corinto estaba gobernada por el imperio romano y estaba rodeada por el mar en tres de sus lados: este, oeste y sur. Asia era su vecino al norte, y Roma al oeste. Su ubicación la convirtió en un centro para el comercio entre Asia y Roma.

Era una ciudad comercial muy concurrida y floreciente, que estaba llena de funcionarios del gobierno, soldados, comerciantes y marineros provenientes de varios lugares del imperio romano. Muchos eventos deportivos se desarrollaban con frecuencia, y también era famosa por sus construcciones y artes. Como es natural, se desarrollaron culturas sensuales y la gente se corrompió en lo religioso y moral.

Había más de treinta templos de dioses gentiles, incluyendo

el templo de Afrodita, donde la gente hacía sus rituales antes de salir a comerciar. La ciudad estaba moralmente muy corrupta, al punto de que existían más de mil rameras alrededor del templo de Afrodita.

3. Relación entre la iglesia de Corinto y el apóstol Pablo

Alrededor del año 50 d. C., el apóstol Pablo predicó el evangelio en Corinto con Silas y Timoteo durante su segundo viaje misionero, y establecieron una iglesia. Él se quedó en casa de Priscila y Aquila, y predicó el evangelio mientras hacía carpas.

Al principio predicaba en las sinagogas judías, pero por causa de la oposición de los judíos, se quedó por un año y medio en la casa de Tito Justo mientras establecía las bases para la iglesia. La mayoría de los creyentes eran gentiles, pero también había algunos judíos.

4. Tiempo, lugar y razón por la que escribió el libro

El libro de 1 Corintios es una epístola, es decir una carta que el apóstol Pablo escribió en Éfeso durante su tercer viaje misionero, alrededor del año 55 d. C. Los creyentes en la iglesia de Corinto trataban de llevar vidas santas, pero enfrentaban muchos problemas por causa del entorno sensual y corrupto que los rodeaba.

Los conflictos se levantaron entre los creyentes ricos y los pobres, y también había problemas de juicios entre ellos. Había problemas matrimoniales, así como problemas para mantener la castidad y aquellos que se levantaban para comer las cosas que habían sido ofrecidas a los ídolos. El apóstol Pablo escribió esta carta para darles soluciones claras a sus problemas.

5. Rasgos distintivos de 1 Corintios

Los libros bíblicos de Romanos y Gálatas están más enfocados en asuntos doctrinales, pero la primera epístola de Corintios trata principalmente sobre problemas prácticos de la vida. Entre los creyentes, 1 Corintios es un práctico libro de respuestas a los problemas que los creyentes pueden enfrentar a nivel personal o para la iglesia en general.

Proporciona respuestas claras para asuntos como las disensiones en la iglesia, el mal uso de los dones espirituales, el matrimonio, la Santa Cena, la 'comida sacrificada a los ídolos', y la resurrección. Por consiguiente, si comprendemos este libro de 1 Corintios con claridad, nos será de gran ayuda en nuestra vida cristiana y podremos llevar una vida bendecida porque entenderemos la voluntad de Dios a plenitud.

Capítulo 8

LO SACRIFICADO A LOS ÍDOLOS

— ¿Qué es lo sacrificado a los ídolos?

— Significado espiritual de 'no comer

lo sacrificado a los ídolos'.

— Todas las cosas son de Dios

— Si continuamos pecando,

a pesar de saber que es pecado

— Qué se debe hacer con lo sacrificado

a los ídolos?

¿Qué es lo sacrificado a los ídolos?

"En cuanto a lo sacrificado a los ídolos, sabemos que todos tenemos conocimiento. El conocimiento envanece, pero el amor edifica" (8:1).

Muchas personas posiblemente piensan que saben lo que 'lo sacrificado a los ídolos' significa, pero de hecho no lo saben por completo. Simplemente piensan que lo sacrificado a los ídolos son cosas que se ofrecen en el altar de los ídolos cuando se los adora.

Sin embargo, en este caso el término 'ídolo' no se refiere tan solo a los ídolos en este sentido.

En el capítulo 14 de Romanos se nos habla acerca de las cosas sacrificadas a los ídolos, las que se pueden comer sin dudar 'por motivos de consciencia'. También nos dice que podemos comer todo con fe. Sin embargo, en Hechos 15:20, así como en Hechos 21:25 se nos enseña a abstenernos y mantenernos libres de estas cosas y a no comer lo sacrificado a los ídolos. ¿Qué debemos hacer?

Debemos entender lo que significa lo 'sacrificado a los ídolos' en cada contexto.

Hechos 15:20 dice: *"...sino que les escribamos que se abstengan de cosas contaminadas por los ídolos, de fornicación, de lo estrangulado y de sangre"*. En Hechos 15:29 leemos: *"...que os abstengáis de cosas sacrificadas a los ídolos, de sangre, de lo estrangulado y de fornicación"*.

Asimismo, en Hechos 21:25 está escrito: *"Pero en cuanto a los gentiles que han creído, nosotros les hemos escrito, habiendo decidido que deben abstenerse de lo sacrificado a los ídolos, de sangre, de lo estrangulado y de fornicación"*.

En los tiempos del Antiguo Testamento, los judíos no comían ningún animal que fuera abominable ante los ojos de Dios. Sin embargo, en los tiempos del Nuevo Testamento, los discípulos de Jesús estaban de acuerdo en que los gentiles creyentes en Jesús podían comer esa carne. De acuerdo a la Ley, ellos no podían comerla, pero iba a ser muy difícil que los gentiles creyentes llegaran a creer en Jesucristo si tenían esa carga.

El consejo de los apóstoles concluyó en que los gentiles creyentes podían comer los animales abominables, pero prohibieron cuatro cosas de modo muy estricto. Estas son: lo sacrificado a los ídolos, la sangre, los animales estrangulados y la fornicación. Prohibieron la sangre porque esta es la vida (Hechos 21:25).

En Génesis 9:4 leemos: *"Pero carne con su vida, es decir, con su sangre, no comeréis"*.

¿Qué ocurre con los animales que han sido estrangulados? Se refiere a los perros y animales similares, ya que, cuando los mataban, lo hacían generalmente mediante la estrangulación. Desde los tiempos más antiguos, los perros han sido los animales que han tenido una estrecha relación con los seres humanos. Dado que estos animales vivían en una relación tan estrecha, vigilando y protegiendo a su amo, tenían un sentido del corazón y los sentimientos de su amo. Por esta razón se deduce que no sería justo comerse un animal de estos. Así que, básicamente, es por esto que se hace hincapié en que los perros y los animales similares no son por lo general matados y comidos por sus amos.

La fornicación es obviamente algo inmoral, y por eso los hijos de Dios que deben ser santos no deben cometer fornicación.

Ahora, ¿qué es lo sacrificado a los ídolos, lo que los apóstoles no permitieron que ni siquiera los gentiles tomaran? Un ídolo es un objeto o imagen de adoración hecha por el hombre, o algo natural que no es hecho por el hombre, como el sol, la luna y las estrellas. Las cosas que se ofrecen en la adoración de ídolos son aquellas a las que se refiere como "cosas sacrificadas a los ídolos".

Sin embargo, aun estas cosas provienen de Dios. Por ejemplo: las frutas que se ofrecen a los ídolos son también alimentos que Dios nos ha dado. Por consiguiente, las podemos comer, y es por eso que la Biblia nos dice, en 1 Corintios 10:27, que las podemos comer 'sin preguntar nada por motivos de consciencia.'

Significado espiritual de 'no comer lo sacrificado a los ídolos'.

En este pasaje, 'lo sacrificado a los ídolos' también tiene un significado espiritual. Un 'ídolo' significa espiritualmente algo a lo que amamos más que a Dios. Si alguien ama el dinero más que a Dios y no asiste a los servicios dominicales a fin de poder hacer más dinero, entonces el dinero es su ídolo, y ya que ha establecido al dinero como su ídolo, está desobedeciendo la Palabra de Dios.

Lo mismo ocurre con una persona que se distancia de la iglesia por causa de los juegos de azar o por cometer adulterio. Si en realidad amamos a Dios, entonces no cometeremos pecados tales como no guardar el Día del Señor como un día santo u otras violaciones a la Palabra de Dios.

Al igual que lo expuesto, lo que está en contra de la Palabra de Dios y toda forma de maldad en general se conoce como 'lo sacrificado a los ídolos' en este pasaje. Lo que Dios más aborrece es la idolatría. Él dice que la injusticia, que es algo en contra de la verdad, constituye algo 'sacrificado a los ídolos'.

¿Por qué se usa la palabra 'comer' para algo espiritual en el sentido espiritual de 'lo sacrificado a los ídolos'?

En Juan 6:53, dice: *"Entonces Jesús les dijo: En verdad, en verdad os digo: si no coméis la carne del Hijo del Hombre y bebéis su sangre, no tenéis vida en vosotros"*. En Juan 6:48 leemos: *"Yo soy el pan de la vida"*. La Biblia usa la expresión 'comer' y 'beber' para referirse al hecho de escuchar y aprender la Palabra de verdad, guardarla en nuestra mente y ponerla en práctica.

Es por eso que la palabra 'comer' se usa para la 'injusticia', y Dios nos dice que no comamos lo sacrificado a los ídolos, sino que lo desechemos.

Mientras más comprendemos lo que es 'lo sacrificado a los ídolos', mayor será nuestro conocimiento de la verdad. Mientras más aprendamos acerca de la Palabra de Dios y de la verdad, más conoceremos acerca de la maldad y la injusticia. No obstante, en este pasaje dice que 'el conocimiento causa arrogancia'. Entonces, ¿está mal saber qué es 'lo sacrificado a los ídolos'? ¡Por supuesto que no! Podemos evitarlo únicamente si conocemos claramente lo que es.

En este caso, el 'conocimiento' se refiere a las cosas que se aprenden y guardan en nuestro cerebro. Si tan solo sabemos la verdad en nuestra mente, esta nos hará arrogantes. ¿Entonces, qué es lo que tenemos que hacer?

La Biblia nos dice que no solo aprendamos y guardemos la verdad en nuestra mente, sino que la 'comamos'. El capítulo 12 de Éxodo nos dice que debemos comer el cordero asado sobre el fuego, y que debemos comer su cabeza, piernas, entrañas y todo lo demás. Espiritualmente, el cordero representa a Jesús, quien es también la Palabra de Dios.

Por ende, esto significa que en un sentido espiritual, debemos 'comer' los 66 libros de la Biblia. Así como podemos continuar nuestra vida física únicamente cuando consumimos alimentos, podemos continuar la vida espiritual solo cuando ingerimos la Palabra de Dios en nuestro corazón. No debemos guardar la Palabra de Dios solo como conocimiento; debemos digerirla.

Los que toman la Palabra de Dios en el corazón de este modo como su alimento espiritual, de manera natural la guardan y no se hacen arrogantes sino que obedecen la Palabra de Dios, se humillan a sí mismo y sirven a los demás, y así evitan volverse arrogantes.

Los que se sumergen en niveles espirituales más profundos bajan su cabeza, se hacen más humildes y mansos, y tienen el amor espiritual descrito en 1 Corintios 13. Estas personas mostrarán generosidad para aceptar y apoyar a los demás. El amor espiritual edifica porque produce gozo, vida y esperanza a los demás.

"Si alguno cree que sabe algo, no ha aprendido todavía como debe saber..." (8:2).

Si la gente aprende algo, piensa que ya sabe algo. Cuando

los estudiantes pasan por la escuela primaria a la secundaria y finalmente entran a la universidad para añadir aún más a sus conocimientos, sienten que saben mucho acerca de una variedad de cosas. Pero cuando se gradúan de la universidad les es difícil convertirse en expertos en algo.

A pesar de que investigan mucho en los laboratorios, solamente incrementan más su sorpresa concerniente al infinito mundo del conocimiento y sienten que lo que saben en realidad no es nada.

Si en realidad entendemos lo que es lo sacrificado a los ídolos, y lo que es la injusticia y el pecado, entonces podremos recibir las respuestas con solo tener el deseo de algo en el corazón. Por otro lado, si no podemos, quizás signifique que conocemos acerca de los ídolos, pero no los conocemos a ellos en realidad.

Aquellos que no solo conocen la verdad, sino que también la comprenden y ponen en práctica, sentirán la grandeza de Dios, y mientras se profundizan en el reino espiritual se darán cuenta de cuán infinito es. Si nos despojamos de toda forma de maldad y llenamos nuestro corazón con la verdad por completo, nos referiremos a este nivel como 'espíritu completo'.

Cuando nuestra fe crece y alcanza el nivel del espíritu completo, entonces podemos pensar que es la culminación de algo, pero de hecho, esa etapa es solo el principio del espíritu. Incluso en este mundo, la gente empieza a estudiar algo en realidad luego de obtener un título de doctorado. Asimismo, una vez que nos sumergimos en el espíritu completo, podremos poner en práctica todo lo que hemos aprendido hasta ese punto en cada aspecto de nuestras vidas. Obtendremos las respuestas a las oraciones y deseos, y nos sumergiremos en un nivel incluso más profundo.

Podremos resolver cualquier tipo de problema matemático si es que aplicamos todo tipo de fórmulas. Hay también una dimensión infinita cuando aplicamos los 66 libros de la Biblia. Mientras más conocemos acerca de esta dimensión, más comprenderemos cuán poco sabemos al respecto. Sabemos que entendemos solo una pequeña parte del corazón de Dios quien contiene y abraza los infinitos cielos y la tierra y todo lo que hay en ellos. Así, no podremos evitar ser humildes ante Él.

Sin embargo, no estamos ni siquiera en este nivel. Mientras no practiquemos en verdad un poco de los mandamientos de Dios y digamos que sabemos algo, seremos arrogantes. Si en realidad conocemos la verdad, solamente pondremos en práctica la Palabra. Nos abstendremos del odio, la envidia, los celos, la mente adúltera y la falsedad, y cambiaremos para tener un hermoso corazón que refleje a Dios. Nos convertiremos en personas humildes que sirven y obedecen a los demás.

"...pero si alguno ama a Dios, ése es conocido por El" (8:3).

Este verso es el mismo que está escrito en Proverbios 8:17 (RVR1960), que dice: *"Yo amo a los que me aman, y me hallan los que temprano me buscan"*. En Juan 14:15 leemos: *"Si me amáis, guardaréis mis mandamientos"*.

Podemos entender el corazón y la voluntad de Dios si guardamos Sus mandamientos. Podremos comunicarnos con Él ya que estaremos siguiendo Su corazón y voluntad; podremos estar en comunicación con Dios en la medida en que vamos tras Su voluntad, es decir, seremos conocidos por Él.

Todas las cosas son de Dios

"Por tanto, en cuanto al comer de lo sacrificado a los ídolos, sabemos que un ídolo no es nada en el mundo, y que no hay sino un solo Dios" (8:4).

Comer lo sacrificado a los ídolos significa que estamos haciendo cosas que corresponden a la injusticia, la maldad y el pecado, y que no las estamos desechando. Antes de conocer la verdad de Dios, seguramente comíamos cosas sacrificadas a los ídolos. En aquel entonces es posible que nos hayamos considerado inteligentes cuando comíamos lo sacrificado a los ídolos.

En este mundo, algunos dicen que somos necios si no somos capaces de decir ni siquiera la mínima mentira. La gente nos reconoce solo cuando revelamos nuestro ser y presumimos de él.

Pero una vez que llegamos a Dios y comprendemos la verdad, entendemos que las cosas sacrificadas a los ídolos son nada y no nos edifican. Dado que Dios dijo que todo lo que hacemos bajo el sol carece de sentido, entendemos que la riqueza, la fama, el poder social y el conocimiento no tienen sentido y son nada.

También sabemos que hay solo un Único Dios. Hay muchos que se llaman 'dioses' en este mundo, pero no pueden bendecirnos ni llevarnos al reino de los Cielos. El Único que puede darnos bendiciones y felicidad es el Único Dios. Si comprendemos esto, lo sacrificado a los ídolos será nada, y por eso debemos despojarnos de él.

> **"Porque aunque haya algunos llamados dioses, ya sea en el cielo o en la tierra, como por cierto hay muchos dioses y muchos señores, sin embargo, para nosotros hay un solo Dios, el Padre, de quien proceden todas las cosas y nosotros somos para El; y un Señor, Jesucristo, por quien son todas las cosas y por medio del cual existimos nosotros" (8:5-6).**

Hay personas que adoran como ídolos al sol, la luna, la Osa Mayor, la estrella Polaris, o algún otro espíritu. Pero estas cosas ni siquiera tienen vida; no pueden salvarnos ni respondernos.

En Habacuc 2:18-20 leemos: *"¿De qué sirve el ídolo que su artífice ha esculpido, o la imagen fundida, maestra de mentiras, para que su hacedor confíe en su obra cuando hace ídolos mudos? ¡Ay del que dice al madero: 'Despierta', o a la piedra muda: 'Levántate'! ¿Será esto tu maestro? He aquí, está cubierto de oro y plata, y no hay aliento alguno en su interior. Pero el SEÑOR está en su santo templo: calle delante de El toda la tierra".*

Estas imágenes no tienen vida en ellas. Solamente Dios está vivo; Él habla con nosotros con Su voz, en nuestros sueños y visiones, y Él nos responde. Este Dios creó todo y por eso somos para Él; le servimos y adoramos.

Dios creó todas las cosas, y Él las creó a través de Jesucristo. En Juan 1:3 (RVR1960) leemos: *"Todas las cosas por él fueron hechas, y sin él nada de lo que ha sido hecho, fue hecho".* Como está escrito, todo fue creado por medio de Jesucristo. Es más, nosotros hemos llegado a ser hijos de Dios por medio de Jesucristo, así que le pertenecemos a Él.

Si continuamos pecando, a pesar de saber que es pecado

"Sin embargo, no todos tienen este conocimiento; sino que algunos, estando acostumbrados al ídolo hasta ahora, comen alimento como si éste fuera sacrificado a un ídolo; y su conciencia, siendo débil, se mancha" (8:7).

Al hablar de 'este conocimiento' se refiere a la voluntad de Dios, que es la Palabra de verdad en los 66 libros de la Biblia. Los nuevos creyentes, aquellos que no tienen fe, o los que tienen fe pero en realidad no comprenden la voluntad de Dios, no tienen este 'conocimiento' por completo.

Podemos discernir si algo es o no la voluntad de Dios, o si es verdadero o falso, solamente cuando nuestra fe crece a un nivel alto. La gente tiene distintos niveles de fe; algunos no tienen conocimiento, otros tienen poco, y otros tienen mucho. Aunque tienen conocimiento, conocen en parte, pero no por completo. Es por eso que el verso dice "no todos tienen este conocimiento".

Al decir que 'algunos' se refiere a los que no tienen fe, o tienen muy poca fe. Cuando dice 'estando acostumbrados al ídolo' significa que estaban acostumbrados al pecado, a la injusticia y la maldad antes de llegar a la verdad.

Aun entre los creyentes, algunos nuevos creyentes o aquellos que no viven de acuerdo a la verdad dicen mentiras, se enojan, roban o cometen adulterio. Desean dejar de hacer estas cosas, pero no pueden y por eso tienen aflicción en el corazón.

Supongamos que alguien que ha cometido adulterio está asistiendo al servicio de adoración y escucha el sermón acerca del adulterio. Se siente avergonzado de sí mismo y ni siquiera puede mirar al rostro del pastor durante el sermón; es más, quizás se quede dormido. Pablo dijo que la consciencia de estas personas se contaminó porque comieron de lo sacrificado a los ídolos, aun sabiendo que no debían hacerlo.

1 Juan 3:21-22 dice: *"Amados, si nuestro corazón no nos condena, confianza tenemos delante de Dios; y todo lo que pidamos lo recibimos de El, porque guardamos sus mandamientos y hacemos las cosas que son agradables delante de El"*.

Los que guardan los mandamientos de Dios y viven de acuerdo a Su Palabra, tiene confianza, así que pueden pedir cualquier cosa con confianza y reciben las respuestas de parte de Dios para todo lo que piden. Podemos tener esta confianza cuando guardamos los mandamientos de Dios, pero nuestra consciencia se contamina si comemos lo sacrificado a los ídolos aun conociendo al respecto.

¿Qué se debe hacer con lo sacrificado a los ídolos?

"Pero la comida no nos recomendará a Dios, pues ni somos menos si no comemos, ni somos más si comemos" (8:8).

Dios es el Creador y nosotros somos solo parte de Su creación. Toda la naturaleza, incluyendo todas las cosas que podemos comer, también fueron creadas por Dios. Además todo fue creado para nosotros, para la humanidad. De este modo, la comida no puede recomendarnos a Dios ni ayudarnos en nuestra fe.

Los que ya están en la verdad no tienen falta de nada a pesar de que no comen lo sacrificado a los ídolos. Pero hay personas en el mundo que piensan que deben comer estas cosas y por eso algunos dicen que no es divertido ser cristiano porque hay que dejar de fumar y beber.

Aquellos a quienes les gusta bailar piensan que no se gozarán si no bailan, los que disfrutan de los juegos de azar, el golf, la pesca y otros tipos de entretenimiento secular piensan que no se gozarán si dejan de hacer estar cosas. No obstante, como creyentes tenemos satisfacción verdadera y vivimos con gozo y gratitud, con llenura del Espíritu, aunque no disfrutemos de los entretenimientos del mundo.

Asimismo, a los que están en la verdad no les parecen divertidos los placeres del mundo porque saben que perecerán, que carecen de sentido y que esas cosas no conducen al camino de la vida eterna, y por eso la Biblia nos dice que únicamente comamos y bebamos la Palabra de Dios.

En Juan 6:53, dice: *"Entonces Jesús les dijo: En verdad, en verdad os digo: si no coméis la carne del Hijo del Hombre y bebéis su sangre, no tenéis vida en vosotros"*.

Además, en Éxodo 12, nos dice que comamos el cordero por completo, lo que significa que debemos tomar totalmente el Cordero, Jesucristo, que está en la Palabra, en los 66 libros de la Biblia. Entonces obtendremos satisfacción verdadera y espiritual.

"Mas tened cuidado, no sea que esta vuestra libertad de alguna manera se convierta en piedra de tropiezo para el débil. Porque si alguno te ve a ti, que tienes conocimiento, sentado a la mesa en un templo de ídolos, ¿no será estimulada su conciencia, si él es débil, a comer lo sacrificado a los ídolos?" (8:9-10)

Al hablar de 'ti' en este verso se refiere a los que comprenden la voluntad de Dios y conocen la verdad. El 'débil' en este caso se refiere a los nuevos creyentes o aquellos que tienen una fe débil, como en el verso 7.

Supongamos que yo voy a un bar. Probablemente lo hago para encontrarme con una persona y predicarle el evangelio o darle consejos espirituales. Ciertamente yo no iría ahí para beber.

Pero, supongamos que otro creyente que en realidad no vive en la verdad me ha visto. Es posible que le diga a alguien más: "Ah, incluso mi pastor va a los bares; supongo que está bien que yo vaya también". Entonces aquella persona también irá por sí mismo, lo que significa que ha tropezado. Yo tengo fe, por lo tanto no pecaría ni siquiera estando en un lugar así. Por el contrario, los que son débiles quizás tengan malos entendidos y cometan pecados.

Permítame darle otro ejemplo. Antes de aceptar al Señor me gustaba el Go (o Baduk), un juego de mesa de origen chino, pero no he jugado desde que abrí la iglesia porque no he querido desperdiciar mi tiempo. No obstante, tras una conferencia para pastores, jugué una vez con los miembros de la iglesia durante un receso. Sin embargo, no lo habría hecho ante nuevos creyentes o aquellos con fe débil.

Si aquellos con fe débil veían esto, posiblemente iban a jugar Go al punto de dejar de orar o de asistir a los servicios dominicales. Por consiguiente, los que tienen fe siempre deben tener cuidado de que su libertad no se convierta en una piedra de tropiezo para los que son débiles.

"Y por tu conocimiento se perderá el que es débil, el hermano por quien Cristo murió. Y así, al pecar contra los hermanos y herir su conciencia cuando ésta es débil, pecáis contra Cristo. Por consiguiente, si la comida hace que mi hermano tropiece, no comeré carne jamás, para no hacer tropezar a mi hermano" (8:11-13).

Podemos hacer algo porque tenemos el conocimiento de la voluntad de Dios, pero debido a nuestras acciones, una persona con fe débil se arruina. Esto significa que, como resultado de nuestras acciones, aquel comete pecado. Esa persona es también nuestro hermano; Jesús murió en la cruz por ella también y por eso, ninguno de nuestros hermanos debe tropezar por culpa de nosotros.

Si un hermano comete pecado por culpa de nosotros, es lo mismo que cometer el pecado personalmente. El Señor se sacrificó a Sí mismo en la cruz por nosotros, pero dado que otro hermano cometió pecado por culpa de nosotros, es lo mismo que haber cometido un pecado en contra de Cristo.

El verso 13 dice: "Por consiguiente, si la comida hace que mi hermano tropiece, no comeré carne jamás, para no hacer tropezar a mi hermano".

Pablo tenía la fe para comer lo sacrificado a los ídolos, pero si eso causaba que otro hermano tropezara, él dice que prefería no comer carne jamás. Él no quiso buscar Su propio beneficio.

Permítame darle otro ejemplo. Aún la comida ofrecida a los ídolos proviene de parte de Dios. No es pecado comer esas cosas con fe. Pero supongamos que una persona con fe débil lo observa sentado y comiendo junto a ellos. Si aquel piensa que es pecado comer la comida ofrecida a los ídolos, entonces en realidad se convierte en un pecado. En ese caso, no debemos comer por el bien de la otra persona.

Ahora, ¿qué ocurre si estamos en medio de una situación en la que nuestra familia o compañeros de trabajo están ofreciendo sacrificios a los ídolos?

Nosotros jamás debemos inclinarnos o tomar parte activa de dichos rituales. No obstante, ya que estamos presentes en la escena, simplemente podemos permanecer parados mientras oramos a Dios. Esos sacrificios son aceptados por los demonios, así que, ni siquiera es bueno que bajemos nuestra cabeza.

Podemos cerrar nuestros ojos suavemente y orar así: "Dios, aleja al enemigo diablo y Satanás de esta familia y permite que sean evangelizados".

Lo mejor es que no comamos ninguna comida sobre la mesa que haya sido ofrecida a los ídolos o espíritus, pero si es necesario hacerlo, debemos comer con fe. Si los miembros de la familia se enojan porque no comemos con ellos, será más difícil predicarles el evangelio si la paz de la familia se quebranta.

Puede haber una situación distinta. Supongamos que usted está a punto de comer esa comida con fe, pero alguien le dice que ha sido sacrificada a los ídolos. Entonces no debe comerla; esa persona se lo está informando porque cree que usted no debe comerla. Así que, por el bien de ella, no debe comerla.

De este modo, debemos buscar el beneficio de los demás y no permitir que otros hermanos cometan pecados, aunque tengamos que darnos a nosotros mismos en sacrificio. Para hacer esto, debemos convertirnos en hombres de espíritu y morar en la Luz.

Capítulo 9

EL CAMINO DEL APÓSTOL

— Él no hizo pleno uso de los derechos de un apóstol

— Él ofreció el evangelio gratuitamente

— Él se hizo esclavo de todos

— ¡Para ganar, corra como el apóstol!

Él no hizo pleno uso de los derechos de un apóstol

"¿No soy libre? ¿No soy apóstol? ¿No he visto a Jesús nuestro Señor? ¿No sois vosotros mi obra en el Señor?" (9:1)

Dios dio libre albedrío a los humanos; le dio a Adán el libre albedrío para escoger si comer o no del árbol del conocimiento del bien y el mal, aunque enfatizó el hecho de que Adán 'ciertamente moriría' si comía de él. Es con ese mismo libre albedrío que podemos creer o no creer en Dios.

El apóstol Pablo también era un hombre libre. Él tenía la libertad para escoger si trabajar o no trabajar para Dios; tenía libertad para comer o beber.

Pablo era un hombre libre, pero a la vez era un apóstol. Un apóstol es un siervo de Dios que sigue la voluntad de Dios por completo, la obedece hasta la muerte y lo glorifica a Él dando testimonio del Dios vivo. Debido a que Dios está con apóstoles tales como Pablo, hay señales que los seguirán, tal como se explica en Marcos 16.

Un siervo de Dios está calificado para ser llamado un apóstol cuando glorifica a Dios por medio de señales y prodigios, y lleva al redil a la fe verdadera y al camino de vida eterna. Aunque Pablo dice ser un hombre libre, él es también un apóstol que no actúa a su antojo.

El apóstol Pablo vivió una vida caminando con Dios desde el momento que conoció al Señor; él experimentó siempre a Dios por medio de sus oraciones y al recibir Sus respuestas, y para referirse a su experiencia, usó la expresión: "¿No he visto a Jesús nuestro Señor?"

Él era un hombre libre, pero debido a que era un apóstol, no actuó según sus propios deseos sino que actuó en base a la voluntad de Dios y a la verdad. Él predicó el evangelio con diligencia e hizo nacer a los creyentes de la iglesia de Corinto, por lo que dice: "¿No sois vosotros mi obra en el Señor?"

"Si para otros no soy apóstol, por lo menos para vosotros sí lo soy; pues vosotros sois el sello de mi apostolado en el Señor" (9:2).

El apóstol Pablo predicó el evangelio a los creyentes de Corinto, y por medio de señales y prodigios los guió a creer en Dios y a ir por el camino de la vida eterna. Él dice ciertamente ser un apóstol para ellos ya que los hizo nacer por medio del evangelio.

Pero aquellos que no conocen a Dios no pueden llamarlo

'apóstol' porque no saben lo que es un apóstol. Incluso entre aquellos creyentes, la gente que no conocía bien la verdad, o aquellos que no eran miembros de la iglesia de Corinto quizás consideraron que él no era un apóstol para ellos. Podemos entender esto porque había algunos entre ellos que estaban difundiendo falsos rumores como "Pablo prohíbe la circuncisión, pero él está equivocado. Pablo es un hereje...".

Pero en Corinto, él mismo plantó la Palabra de Dios, así que los creyentes de ahí tenían que admitir que él era un apóstol, esto si tomaban la Palabra de Dios adecuadamente. Pablo dice acerca de esto: "...pues vosotros sois el sello de mi apostolado en el Señor".

> "Mi defensa contra los que me examinan es ésta: ¿Acaso no tenemos derecho a comer y beber? ¿Acaso no tenemos derecho a llevar con nosotros una esposa creyente, así como los demás apóstoles y los hermanos del Señor y Cefas? ¿O acaso sólo Bernabé y yo no tenemos el derecho a no trabajar?" (9:3-6)

No solo en la iglesia de Corinto sino también en otros lugares, había gente celosa de Pablo, o quienes no conocían bien la verdad. Estas personas procuraban encontrar un defecto en él al decir cosas como: "¿Por qué Pablo no se casa? ¿Por qué come esto, pero no come aquello? ¿Por qué está en contra de la circuncisión?"

Aun Jesús tuvo a Judas Iscariote como discípulo. También

había quienes tenían celos de Pablo. Ellos no lo aceptaban y, a pesar de que él confirmaba al Dios vivo con señales y prodigios, ellos lo traicionarían. Pablo está ofreciendo una explicación para este tipo de personas.

El pronombre personal 'nosotros', usado en plural en el verso 4, incluye a Bernabé y otros colaboradores, según correspondía.

Él dice también: "¿Acaso no tenemos derecho a comer y beber?" Ciertamente tenía el derecho y la libertad para comer y beber según su deseo.

Él dice también que no se trata de no tener el derecho a llevar consigo una esposa, al igual que otros hermanos del Señor o Cefas, sino que simplemente él había tomado la decisión de no tener una esposa en ese momento.

'El resto de los apóstoles' constituyen los doce discípulos y otros a los que podían llamar apóstoles. 'Los hermanos del Señor' son los hermanos de sangre de Jesús, tales como Santiago. Cefas es Pedro, 'la Roca'. Pablo lo menciona porque Pedro es la cabeza de los doce.

No obstante, no significa que ellos viajaban por placer junto a sus esposas, sino que las llevaban a eventos como la Última Cena, u otras reuniones. El apóstol Pablo y Bernabé también tenían derecho a hacerlo, pero no lo hicieron. ¿Por qué no tendrían el derecho a tomar un descanso de vez en cuando? Sin embargo, trabajaban sin cesar porque amaban al Señor y a las almas.

"¿Quién ha servido alguna vez como soldado a sus propias expensas? ¿Quién planta una viña y no come de su fruto? ¿O quién cuida un rebaño y no bebe de la leche del rebaño? ¿Acaso digo esto según el juicio humano? ¿No dice también la ley esto mismo? Pues en la ley de Moisés está escrito: No pondrás bozal al buey cuando trilla. ¿Acaso le preocupan a Dios los bueyes? ¿O lo dice especialmente por nosotros? Sí, se escribió por nosotros, porque el que ara debe arar con esperanza, y el que trilla debe trillar con la esperanza de recibir de la cosecha" (9:7-10).

Cuando uno se une al ejército, no provee para su propia comida ni usa su propio dinero ya que los militares nos alimentan, visten y proporcionan un lugar para dormir. Pero Pablo estaba haciendo la obra de Dios mientras se ganaba la vida para sí.

No se plantan viñedos para mirarlos únicamente, sino que lo hacemos para obtener frutos. Criamos al ganado para obtener leche, carne, la piel y lana. Ahora, ¿por qué usa Pablo esta alegoría?

En Deuteronomio 25:4 dice: *"No pondrás bozal al buey mientras trilla"*. Los bueyes son utilizados para arar, hacer girar ruedas de molino y trillar. Pero a veces los bueyes comen algo del grano mientras trillan o el césped mientras aran la tierra. Entonces, un dueño sin piedad quizás los detenga inmediatamente al gritarles o golpearles.

Los bueyes trabajan muy duro y comen tan solo un poco del grano o el césped. Si sus dueños les gritan, quizás alberguen algún tipo de amargura. Sin embargo, esta palabra se aplica a nosotros, a toda la humanidad, y en realidad su intención no es la de referirse a un rebaño o manada. Pablo simplemente está poniendo el ejemplo de los bueyes para que nosotros entendamos.

Los apóstoles o siervos del Señor predican la Palabra de Dios para salvar a las almas que están muriendo y llevarlas al camino de la vida eterna. No obstante, no pueden hacerlo si padecen hambre. Por lo tanto, deben tener la capacidad de continuar con su existencia, lo que significa que deben poder plantar algo espiritual y cosechar algo material; incluso el Antiguo Testamento explica este principio.

"Si en vosotros sembramos lo espiritual, ¿será demasiado que de vosotros cosechemos lo material? Si otros tienen este derecho sobre vosotros, ¿no lo tenemos aún más nosotros? Sin embargo, no hemos usado este derecho, sino que sufrimos todo para no causar estorbo al evangelio de Cristo" (9:11-12).

El apóstol pablo y Bernabé plantaron algo espiritual, el evangelio, en los creyentes de la iglesia de Corinto; los guiaron al arrepentimiento habiendo estado en el camino de la muerte, y a aceptar al Señor e ir por el camino de la vida eterna. Es por eso que no había nada incorrecto con obtener lo que podían usar y necesitar de parte de los miembros de la iglesia de Corinto.

Sin embargo, esto no significa que el apóstol Pablo recibía en realidad cosas materiales de parte de los creyentes.

Incluso otros siervos de Dios predicaban el evangelio y vivían de las cosas materiales que los creyentes les daban. Así que, era todavía más natural para Pablo que recibiera cosas materiales de parte de los creyentes, ya que él era quien estableció la iglesia en Corinto y dio nacimiento a muchas ovejas del redil por medio del evangelio.

Con el fin de evitar cualquier interrupción a la predicación del evangelio, los apóstoles Pablo y Bernabé no hicieron uso de ese privilegio. Pablo menciona esto porque ya había un problema en la iglesia por este asunto.

Lo justo, correcto y adecuado para los apóstoles es que obtengan provisiones materiales de parte del redil, pero Pablo no quiso hacer uso de ese derecho si este pudiera causar que cualquiera en el redil tropezara pensando: "¿Debemos dar este tipo de ofrendas?"

"¿No sabéis que los que desempeñan los servicios sagrados comen la comida del templo, y los que regularmente sirven al altar, del altar reciben su parte? Así también ordenó el Señor que los que proclaman el evangelio, vivan del evangelio. Mas yo de nada de esto me he aprovechado. Y no escribo esto para que así se haga conmigo; porque mejor me fuera morir, que permitir que alguno me prive de esta gloria" (9:13-15).

'Los que desempeñan los servicios sagrados' son los obreros de la iglesia a tiempo completo. 'Los que regularmente sirven al altar' son los pastores, los siervos de Dios. Los obreros a tiempo completo trabajan para la iglesia, y debería ser obvio que deben recibir el sustento de las cosas de Dios. Además, los siervos de Dios, los pastores, usan las cosas que provienen del altar. Todas estas cosas se explican detalladamente en las reglas para ofrecer sacrificios en el Antiguo Testamento.

Sin embargo, los principios también se aplican de la misma manera en el Nuevo Testamento. Cuando los discípulos se fueron en su viaje misionero, Jesús les dijo en Mateo 10:9-10: *"No os proveáis de oro, ni de plata, ni de cobre para llevar en vuestros cintos, ni de alforja para el camino, ni de dos túnicas, ni de sandalias, ni de bordón; porque el obrero es digno de su sostén"*.

Les dijo que no llevaran oro, ni plata, ni cobre; ni siquiera ropa extra aparte de lo que llevaban puestos. Gálatas 6:6 dice también: *"Y al que se le enseña la palabra, que comparta toda cosa buena con el que le enseña"*.

Por consiguiente, lo correcto es que los creyentes suplan para aquel que les enseña cosas buenas, que lo sirvan y que aquel reciba de parte de ellos.

Pablo conocía el corazón del hombre porque había escuchado la clara voz del Espíritu Santo. Los creyentes en la iglesia de Corinto siempre tenían problemas y pruebas porque no vivían en la verdad. Es por eso que Pablo no quería recibir ningún alimento o dinero de ellos.

Él no hizo uso de su derecho; no significa que él deseaba recibir algo cuando les explicó estos asuntos. Es por eso que pudo enseñar con valentía la Palabra, diciendo: "...porque mejor me fuera morir, que permitir que alguno me prive de esta gloria".

Pero también debemos comprender la situación de aquel tiempo. El apóstol Pablo no actuó de la misma manera respecto a todas las demás iglesias. Cuando la iglesia le proveyó buenas cosas con gratitud y gozo, él las aceptó. No obstante, los creyentes de Corinto solo causaban problemas y no servían, y por eso él no aceptó nada de ellos.

Él ofreció el evangelio gratuitamente

"Porque si predico el evangelio, no tengo nada de qué gloriarme, pues estoy bajo el deber de hacerlo; pues ¡ay de mí si no predico el evangelio!" (9:16)

Una vez que aceptamos al Señor y llegamos a conocer a Dios, debemos predicar el evangelio a nuestros vecinos para llevarlos al reino de los Cielos; no debemos estar satisfechos solo porque nosotros iremos al Cielo. Difundir el evangelio es nuestra tarea; no tenemos nada de qué jactarnos. Algo de lo que sí podemos jactarnos es el fruto que hemos obtenido a través de la predicación.

Deberíamos estar orgullosos de cosas como las muchas almas que llevamos a la salvación, la demostración de señales de Dios, el hecho de poder emanar la fragancia de Cristo a los no creyentes, de recibir respuestas a la oración y de glorificar a Dios. La predicación del evangelio es una tarea que se les ha dado a todos los creyentes.

Pablo dijo: "¡Ay de mí si no predico el evangelio!" Esta 'aflicción' tiene dos significados.

Primero: es una aflicción porque sabemos lo que es la bondad pero no la ponemos en práctica. Supongamos que nuestros hermanos, parientes y vecinos están cayendo al Infierno, y si no les predicamos el evangelio es algo igual a estar parados mirando cómo se ahogan.

Santiago 4:17 dice: *"A aquel, pues, que sabe hacer lo bueno y no lo hace, le es pecado"*. Si no predicamos el evangelio, no podremos decir nada ante el Señor en el Día del Juicio. Si Él nos pregunta dónde están nuestros padres, hermanos y vecinos, ¿cómo podremos levantar nuestra cabeza?

Segundo: es una aflicción porque creemos en Dios, y sin embargo no predicamos el evangelio. Esta es una evidencia de que no tenemos fe y gracia verdadera. Es también una evidencia de que no amamos a Dios. Es una aflicción porque nosotros mismos lo probamos; Dios se deleita en que nosotros prediquemos el evangelio. Así que, si no predicamos el evangelio, esto implica que estamos satisfechos con ser salvos únicamente nosotros; esta es la evidencia de que no estamos llenos del Espíritu.

"Porque si hago esto voluntariamente, tengo recompensa; pero si lo hago en contra de mi voluntad, un encargo se me ha confiado. ¿Cuál es, entonces, mi recompensa? Que al predicar el evangelio, pueda ofrecerlo gratuitamente sin hacer pleno uso de mi

derecho en el evangelio" (9:17-18).

Si hacemos algo para el reino de Dios y lo glorificamos de modo voluntario, no solo recibiremos recompensas celestiales, sino que también recibiremos bendiciones en este mundo.

Aunque no hubiera tenido la voluntad propia completa, Pablo sí tenía las responsabilidades de un apóstol, y estaba obligado a predicar el evangelio. Es incorrecto que los obreros de Dios se quejen acerca del pago o asistencia social que reciben, o que abandonen su labor.

Hay incluso pastores que toman su responsabilidad de predicar el evangelio en áreas montañosas aisladas o pequeñas islas, enfrentando todo tipo de dificultades, ya que es una tarea preciosa encargada por Dios. Pero si descartamos nuestra labor encargada por Dios solo por causa de razones financiera o físicas, ¿cómo podremos levantarnos ante Dios en el Juicio Final?

Pablo predicó el evangelio gratuitamente, por eso pudo decir que no hizo uso de su derecho a recibir las provisiones y lo necesario de parte de los creyentes.

Algunos dicen que los pastores u obreros a tiempo completo en la iglesia trabajan solo para Dios, y que por ende deben recibir muchas recompensas. No obstante, ellos reciben un sueldo de parte de Dios por su trabajo en la iglesia, así que ese comentario no viene al caso.

¿Cómo pueden recibir recompensas celestiales? Cuando los miembros laicos trabajan para Dios en su tiempo libre, esto les será recompensado. De la misma manera, cuando los pastores trabajan más de aquello por lo que reciben un pago, y cuando se sacrifican y oran más, estas cosas serán sus recompensas celestiales.

Pero si no trabajan según el sueldo que reciben, están sujetos a una reprensión. Pueden recibir recompensas solo cuando trabajen más de lo que cubre su salario. El apóstol Pablo no solo trabajó en sobremanera, sino que tampoco hizo uso de su derecho a recibir lo necesario o un sustento de parte de los creyentes. Por lo tanto, esto también fue su recompensa.

Yo serví a la iglesia mientras estudiaba en una universidad teológica, y no recibí ningún salario de parte de ellos. Cuando abrí mi propia iglesia, Dios me bendijo por todas las obras que había hecho. Incluso justo después de la apertura de la iglesia, cuando no había muchos miembros, Dios me bendijo por medio de otros creyentes.

Abrí la iglesia con solo siete dólares (siete mil won), pero cuando tuvimos el servicio de establecimiento después de dos meses, teníamos todo lo necesario en el santuario, cosas como el púlpito y sillas, y así por el estilo.

Predicar el evangelio es una tarea de todos los hijos de Dios, no solo de los pastores. Debemos recuperar el precio de la sangre del Señor. No podremos levantar nuestro rostro ni decir nada si no cumplimos con esta labor.

Él se hizo esclavo de todos

"Porque aunque soy libre de todos, de todos me he hecho esclavo para ganar a mayor número. A los judíos me hice como judío, para ganar a los judíos; a los que están bajo la ley, como bajo la ley (aunque yo no estoy bajo la ley) para ganar a los que están bajo la ley" (9:19-20).

El apóstol Pablo era un hombre libre que no estaba ligado a nadie; todavía más porque comprendió la verdad y vivió en la verdad, como lo dice en Juan 8:32: *"...y conoceréis la verdad, y la verdad os hará libres"*.

Antes de pararnos sobre la roca de la fe, es posible que sintamos que la verdad nos encadena; quizás pensemos que no podemos hacer nada de lo que deseamos hacer y que nos dificulta la vida. Pero una vez que estamos sobre la roca de la fe, guardaremos la verdad sin sentirnos obligados, sino de modo natural. Entonces recibiremos la respuesta a todas nuestras oraciones y súplicas, y nos llenaremos de gozo y paz.

Estaremos agradecidos por todo ante toda situación, y nos sentiremos libres respecto a todo. No obstante, Pablo dice que se hizo siervo de todos para llevar más almas a la salvación.

Para poder llevar los no creyentes a la salvación, de alguna manera debemos permanecer con ellos. Algunos dicen que no debemos tener comunión con los no creyentes, pero eso no puede ser verdad porque entonces ¿cómo los llevaremos a la salvación si no tenemos amistad o relación con ellos?

Los judíos creen en Dios, pero no en Jesucristo. También debemos ir a ellos, alcanzarlos y plantar a Jesucristo entre ellos para que reciban al Espíritu Santo y la salvación. Debemos estar con ellos.

En el verso 20 se menciona a 'los que están bajo la ley'. En este caso, la Ley no se refiere a los 66 libros de la Biblia sino a la Ley de Dios en el Antiguo Testamento.

Ellos tenían varios tipos de sacrificios y los guardaban de manera muy estricta. Pero en el Nuevo Testamento, Jesús se convirtió en el sacrificio expiatorio definitivo, y por eso ahora ofrecemos sacrificio espiritual y vivo en lugar de los sacrificios del Antiguo Testamento.

Por ejemplo: la ley prohíbe comer carne de cerdo (Levítico 11:7-8), pero en el Nuevo Testamento, en realidad no es importante para los gentiles, aunque ciertamente lo mejor es guardar la Ley (Hechos 15:28-29).

Sin embargo, muchos judíos siguen guardando estrictamente la Ley del Antiguo Testamento, y ofrecen los sacrificios de obras; ellos no participan en servicios de adoración espiritual.

Pablo no estaba ligado a esas formas legalistas, pero se hizo semejante a un judío y caminó con ellos para predicarles la verdad real y a Jesucristo. Al igual que la sal que se derrite y mezcla entre toda la comida para darle sabor, Pablo se hizo como sal para ellos.

"...a los que están sin ley, como sin ley (aunque no estoy sin la ley de Dios, sino bajo la ley de Cristo) para ganar a los que están sin ley" (9:21).

Los que 'están sin ley' son en este caso los no creyentes que no conocen a Dios. La Ley del Antiguo Testamento se basaba en obras externas, por eso circuncidaban sus cuerpos. Pero en el Nuevo Testamento no solo tenemos la Ley de las obras sino también la Ley del amor. Nosotros circuncidamos nuestro corazón para purificarlo.

El apóstol Pablo guardó la Ley ya que estaba bajo la ley de Jesucristo. Pero él se hizo como uno de aquellos que no tenían la ley para poder comprenderlos, aceptarlos y amarlos para convertirse en su amigo y así poder predicarles a Jesucristo y guiarlos a la luz y a la salvación.

"A los débiles me hice débil, para ganar a los débiles; a todos me he hecho todo, para que por todos los

medios salve a algunos. Y todo lo hago por amor del evangelio, para ser partícipe de él" (9:22-23).

Al decir que "a los débiles se hizo débil" no significa que debemos enfermar y debilitarnos en la manera en la que ellos lo están, sino que se refiere a nuestra actitud con la que podemos ser sus amigos. Debemos tener el corazón de aquellos que están enfermos, y predicarles a Jesucristo. Esto es convertirse en un copartícipe del evangelio.

Por ejemplo: cuando yo aconsejo a los miembros de la iglesia, lo hago de acuerdo al nivel de su fe. En cierta ocasión una persona fue víctima de un accidente de tránsito y se me acercó para hacerme una pregunta: "La otra persona dice que puede darme mil dólares, que es el costo de las facturas del hospital. Pero si lo llevo a juicio, puedo obtener dos mil dólares. ¿Qué debo hacer?

En este caso mi respuesta es distinta dependiendo del nivel de fe de cada individuo. Si esa persona es nueva en la fe, no es un pecado acudir a los procesos legales, así que solo le puedo decir que haga lo que desea hacer. Si le digo que simplemente reciba los mil dólares, quizás piense: "Si no le hubiera preguntado y hubiera ido a la corte, habría conseguido dos mil dólares. Pero como el pastor ya lo dijo, ya no hay nada que pueda hacer; son mil dólares de pérdida para mí".

Si no tiene la suficiente voluntad para seguir mis consejos y finalmente desobedece, entonces Satanás pronto obrará en él y empezará a tener dificultades. Por lo tanto, respecto a los que no tienen mucha fe, solo puedo hablarles dentro de los límites de la verdad siempre y cuando no cometan pecados.

Pero para aquellos que están parados sobre la roca de la fe, ciertamente les digo: "Puedes recibir los mil dólares que cubren tus facturas hospitalarias, y si tienes algún problema más adelante, entonces puedes recibir sanidad de parte de Dios gracias a la fe".

Si esa persona tiene incluso una fe mayor, le diría: "Puedes dejar que Dios te sane por completo. Aquel conductor cometió un error. ¿Por qué no lo perdonas simplemente sin recibir ninguna compensación de su parte?" Si obedece este consejo, podremos experimentar un milagro de parte de Dios.

Dios ciertamente lo sanará por completo gracias a la fe, y al ser así, no tendrá que ir al hospital a recibir los dolorosos tratamientos. Además emanará la fragancia de Cristo con sus buenas obras. Este es el mejor de los tres casos.

Cada persona tiene distinta medida de fe, de bondad y de maldad en su ser. Debemos darles consejos de acuerdo a estas diferencias y hay que comprender su punto de vista y aconsejarles de acuerdo a su fe.

Para poder lograr esto, debemos considerar a los demás mejores que a nosotros mismos (Filipenses 2:3). Si otra persona tiene menos conocimiento y educación que nosotros, ¿cómo podemos considerarlos mejores que nosotros? No significa que debemos considerar su conocimiento mejor que el nuestro, sino que debemos entenderlos al ponernos en su situación. Ellos también son hijos de Dios y debemos entenderlos por quienes son.

Si alguien tiene mal carácter, debemos comprenderlo como es. Si alguien dice mentiras, debemos comprenderlo y aceptarlo como es. Si tan solo nos alejamos de estas personas, eso también es arrogancia. Debemos ser capaces de dar gracia a estas personas, de plantar fe en ellas y de proveerles amor.

El apóstol Pablo también trató a las diferentes personas de acuerdo a la manera de ser de cada uno a fin de ganar más almas. Debemos seguir su ejemplo.

¡Para ganar, corra como el apóstol!

"¿No sabéis que los que corren en el estadio, todos en verdad corren, pero sólo uno obtiene el premio? Corred de tal modo que ganéis. Y todo el que compite en los juegos se abstiene de todo. Ellos lo hacen para recibir una corona corruptible, pero nosotros, una incorruptible" (9:24-25).

En los juegos olímpicos, solo una persona obtiene la medalla de oro. Pablo nos anima a correr la carrera de modo que obtengamos la medalla de oro. Para poder hacer esto, primero debemos correr la carrera, es decir, debemos participar en el evangelio y debemos esforzarnos por obtener una medalla de oro.

Nosotros ya hemos comenzado nuestra carrera hacia las puertas de los Cielos. Nuestra meta final es la Nueva Jerusalén donde podemos obtener una medalla de oro, es decir, la corona de oro, y debemos correr hacia ella con diligencia.

En el verso 25 leemos: "Y todo el que compite en los juegos se abstiene de todo". Por ejemplo: un boxeador entrenará mucho y controlará su dieta para mantener su peso bajo control. Lo mismo ocurre con nosotros.

Para poder orar más, debemos ver menos televisión; debemos abstenernos de los entretenimientos o paseos del mundo para poder trabajar para Dios, y también debemos controlarnos para no enojarnos. Además debemos desechar nuestros pecados al punto de derramar sangre.

En este mundo, aunque uno se convierta en campeón y obtenga la medalla de oro, es algo que sirve solo en este mundo, que no durará para siempre, y en especial, no cuenta en absoluto ante Dios. Por lo tanto, los que tienen fe verdadera no envidiarán esas cosas.

Ellos ejercitarán el dominio propio en todas las cosas para obtener coronas eternas, tales como la corona de oro, la corona de justicia, la corona de vida y la corona que es incorruptible.

"Por tanto, yo de esta manera corro, no como sin tener meta; de esta manera peleo, no como dando golpes al aire, sino que golpeo mi cuerpo y lo hago mi esclavo, no sea que habiendo predicado a otros, yo mismo sea descalificado" (9:26-27).

Cuando corremos, tenemos una meta. Cuando participamos en una maratón, tenemos una meta y cierta ruta. Si se corre fuera de esa ruta, sin importar cuánto se esfuerce, no servirá de nada. Si el boxeador simplemente golpea al aire, no le servirá en absoluto.

De manera similar, nosotros debemos tener cierta meta en la verdad. Mateo 7:21 dice: *"No todo el que me dice: 'Señor, Señor', entrará en el reino de los cielos, sino el que hace la voluntad de mi Padre que está en los cielos"*. Debemos seguir la voluntad de Dios.

Si no vamos tras la voluntad de Dios, no podremos ir al Cielo. Además, aunque trabajemos para Dios con mucho esfuerzo, no podremos recibir la medalla de oro de la fe. ¿Qué tipo de trabajo desea Dios de nosotros? En primer lugar desea que trabajemos para Él en la verdad, con corazón purificado.

Algunos hacen obras voluntarias para Dios mientras tienen maldad en su ser. Otros trabajan más que los demás tan solo para jactarse de su arduo trabajo. Dios no se complacerá con este tipo de trabajos. Sin importar cuánto trabajemos, si lo hacemos con falsedad, se quebrantará la paz; esto desagradará a Dios y tan solo veremos contiendas y obras de Satanás.

Cuando mi esposa y yo administrábamos una pequeña tienda antes de comenzar con esta iglesia, había una persona que predicaba el evangelio con mucha diligencia. Él era un usurero, así que, si alguien no le pagaba a tiempo, levantaba su voz en las calles y decía malas palabras. La gente lo despreciaba porque sus palabras eran muy malas.

Sin embargo, él predicaba el evangelio con diligencia. Si vivimos en falsedad, al igual que este hombre, Dios dirá: "No te conozco", incluso aunque hayamos trabajado con diligencia para Su reino. Debe ser muy obvio el hecho de que nosotros debemos seguir la voluntad de Dios.

Debemos predicar el evangelio mientras vivimos en la verdad. Si un predicador vive en pecado y maldad y les dice a los demás que crean en Dios y vivan de acuerdo a Su voluntad, no está diciendo la verdad. Pablo dijo que él incluso disciplinaba su cuerpo y lo hacía su esclavo, luego de haber predicado a otros, para él mismo no ser descalificado.

Capítulo 10

HACEDLO TODO PARA LA GLORIA DE DIOS

— Ser bautizados en la nube y en el mar

— El pueblo de Israel fue destruido

por actuar con maldad

— Dios provee también la vía de escape

— Huid de la idolatría

— Significado literal de idolatría

— Hacedlo todo para la gloria de Dios

Ser bautizados en la nube y en el mar

"Porque no quiero que ignoréis, hermanos, que nuestros padres todos estuvieron bajo la nube, y todos pasaron por el mar; y en Moisés todos fueron bautizados en la nube y en el mar" (10:1-2).

Al dirigirse a los 'hermanos' se refiere a todos los hijos de Dios. Significa que Pablo deseaba que conocieran la verdad, la voluntad de Dios y lo que va a explicar a partir de este punto.

Primero dice: "...nuestros padres todos estuvieron bajo la nube, y todos pasaron por el mar". En este caso, 'nuestros padres' constituye el pueblo de Israel en el tiempo del Éxodo. Cuando salieron de Egipto, Dios los protegió con un pilar de nube durante el día y un pilar de fuego en las noches.

Ellos pasaron por el mar Rojo después de escapar de Egipto; Dios les dio el viento del este para que partiera el mar Rojo y se formaron muros de agua a ambos lados. Dios hizo que los vientos se movieran con tanta rapidez que el agua no pudo caer.

Él abrió el camino y cruzaron por en medio del mar.

¿Qué significa 'en Moisés todos fueron bautizados en la nube y en el mar'?

Debido a que salieron de Egipto guiados por Moisés, el pueblo de Israel le pertenecía a él. Como sabemos, las nubes dan la lluvia. Cuando Pablo dice que 'en Moisés todos fueron bautizados en la nube y en el mar' se refiere al hecho de que el pueblo de Israel estaba bajo una nube y que pasó por en medio del mar.

Se supone que nosotros debemos ser bautizados por inmersión en un río, pero en la mayoría de iglesias esto no es posible en realidad, así que lo hacen únicamente con un poco de agua. De manera similar, Dios consideró que el pueblo de Israel fue bautizado cuando pasó bajo las nubes y por en medio del mar. Ser bautizado con agua es un símbolo de limpieza de los pecados y de ser salvo.

"...y todos comieron el mismo alimento espiritual; y todos bebieron la misma bebida espiritual, porque bebían de una roca espiritual que los seguía; y la roca era Cristo" (10:3-4).

El alimento que comió el pueblo de Israel en el desierto fue el maná provisto por Dios. El maná no era cultivado por el hombre; Dios abrió las puertas de los cielos y se los dio, siendo de este modo un alimento espiritual. Además, cuando la gente quería agua, esta procedía de una roca a la que Moisés golpeaba. El agua brotaba por el poder de Dios, y era una bebida espiritual.

El Antiguo Testamento es la sombra, y la entidad real, Jesucristo, apareció en el Nuevo Testamento. El alimento y la bebida espiritual en el Nuevo Testamento se refieren a la carne y sangre de Jesucristo. La Biblia compara el cuerpo del Señor con el 'pan viviente' o 'pan de vida'.

Jesús dijo en Juan 6:54-55: *"El que come mi carne y bebe mi sangre, tiene vida eterna, y yo lo resucitaré en el día final. Porque mi carne es verdadera comida, y mi sangre es verdadera bebida"*.

Pablo continuó diciendo: "...porque bebían de una roca espiritual que los seguía...". Cuando el pueblo de Israel no tenía agua para beber en el desierto, se quejaba contra Moisés, y él oraba. *"Yo estaré esperándote allá en el monte Horeb, sobre la roca. Cuando golpees la roca, saldrá agua de ella para que beba la gente. Moisés lo hizo así, a la vista de los ancianos de Israel"* (Éxodo 17:6 DHH).

El agua salió cuando Moisés obedeció la orden de Dios de golpear la roca. De este modo, lograron vivir.

La roca simboliza a Jesucristo, y tomar de ella simboliza tomar la Palabra, que es el cuerpo de Jesucristo. Solo aquellos que comen la Palabra de los 66 libros de la Biblia, la que proviene de Jesucristo, obtendrán la vida eterna. No podemos recibir vida eterna sin comer de la Palabra de la verdad, la carne de Jesucristo.

Dios no le dijo a Moisés que golpeara la roca tan solo para mostrar Su poder; la roca es dura y no cambia, y tiene la fuerza para soportar otras cosas. Las bases para los edificios se cimentan con rocas.

Ahora, ¿cuál es la razón por la que Jesucristo se compara con una roca?

Jesús es la roca de nuestra salvación. Asimismo, tal como las rocas pueden romper otras cosas, el Señor rompió la autoridad de la muerte y derrotó al enemigo. Estas son las razones por las que Jesucristo se compara con una roca.

El agua brotaba cuando se golpeaba la roca. Esto significa que podemos vivir solamente si recibimos la provisión de agua a través de Jesucristo. El agua representa el 'agua de vida', que es la Palabra de Dios. Así como las personas logran vivir cuando beben agua, en un sentido espiritual, podemos ir por el camino de la vida eterna cuando tomamos la Palabra que es el agua de vida. Dios puede hacer que brote agua de cualquier cosa con Su poder, pero hizo que brotara de la roca para demostrar su significado espiritual.

El pueblo de Israel fue destruido por actuar con maldad

"Sin embargo, Dios no se agradó de la mayor parte de ellos, pues quedaron tendidos en el desierto" (10:5).

Todos los de la primera generación del Éxodo murieron en el desierto, excepto por Josué y Caleb. ¿Creyó en Dios el pueblo de Israel? Si Moisés les hubiera preguntado si creían en Dios, lo habrían confirmado con un 'Amén'.

Ellos vieron las Diez Plagas, la partición del mar Rojo y el agua que brotaba de una roca; comieron maná que descendía del cielo y fueron guiados por un pilar de nubes durante el día y un pilar de fuego en las noches. Además vieron muchas señales, así que ciertamente conocían acerca de Dios.

Sin embargo, todos murieron en el desierto. ¿Por qué razón? Dios no dice que podemos ser salvos gracias a nuestro conocimiento (Mateo 7:21). Si no tenemos las obras que se basan en actuar según la voluntad de Dios, Él dice que no tenemos fe.

El pueblo de Israel comió el alimento espiritual y bebió el agua espiritual, pero no comió ni bebió con fe verdadera. Se quejaron contra Dios y Moisés cuando no tenían nada para comer, y por eso Pablo dice que quedaron tendidos en el desierto, porque no agradaron a Dios.

Lo mismo ocurre con nosotros en la actualidad. Si nos quejamos cuando tenemos persecuciones y pruebas, es igual a revelar nuestra falta de fe. Nos gozamos y damos gracias cuando recibimos una respuesta a algo, pero si nos desalentamos y no nos gozamos en las situaciones difíciles, Dios no puede decir que tenemos fe.

> **"Estas cosas sucedieron como ejemplo para nosotros, a fin de que no codiciemos lo malo, como ellos lo codiciaron" (10:6).**

Podemos ver si estamos limpios o sucios cuando nos paramos frente a un espejo. Del mismo modo, podemos descubrir cómo está nuestro corazón cuando lo analizamos en base a los 66 libros de la Biblia. Podemos ver envidias, celos, enemistades, críticas, arrogancia y otros tipos de maldad en el corazón.

El pueblo de Israel en el Antiguo Testamento quedó tendido porque estaba más cercano a la maldad. De la misma manera en el Nuevo Testamento, si seguimos viviendo en pecado mientras profesamos nuestra fe en Dios, Él no podrá decir nada más que "jamás te conocí" (Mateo 7:23). Por consiguiente, debemos limpiar todas las cosas sucias del corazón con el agua espiritual, que es la Palabra de Dios.

Por ejemplo: cuando alguien más es elegido como líder en la iglesia, hay personas que sienten celos. ¡Estas personas deberían dar gracias por no haber sido elegidos! Solo el hecho de que sienten celos prueba que no han sido calificados para ser líderes en la iglesia.

Además, si el líder actual no es elegido para continuar, esa persona también debería dar gracias. Esto es algo que ocurre de manera natural si la persona no hace un trabajo adecuado. O si durante su período el líder ha logrado levantar a otro gran obrero quien está plenamente calificado, entonces es realmente algo notable y por lo cual aquel líder debe estar agradecido.

"No seáis, pues, idólatras, como fueron algunos de ellos, según está escrito: 'El pueblo se sentó a comer y a beber, y se levantó a jugar'. Ni forniquemos, como algunos de ellos fornicaron, y en un día cayeron veintitrés mil" (10:7-8).

En el sentido espiritual, un ídolo es cualquier cosa a la que amamos más que a Dios. Si amamos el dinero más que a Dios, esto es idolatría y el dinero se convierte en el ídolo.

El pueblo de Israel hizo un becerro de oro y lo adoró mientras Moisés estaba en la montaña ayunando por 40 días para recibir los Diez Mandamientos. El pasaje anterior habla acerca de la escena en la que el pueblo de Israel comió, bebió y se levantó para jugar.

En Números 25:1-3 leemos: *"Mientras Israel habitaba en Sitim, el pueblo comenzó a prostituirse con las hijas de Moab. Y éstas invitaron al pueblo a los sacrificios que hacían a sus dioses, y el pueblo comió y se postró ante sus dioses. Así Israel se unió a Baal de Peor, y se encendió la ira del SEÑOR contra Israel"*.

En estos versos no dice que 'los hombres' comenzaron a prostituirse con las hijas de Moab, sino que 'el pueblo' lo hizo. El 'pueblo' incluye tanto a hombres como a mujeres. Las hijas de Moab invitaron al pueblo de Israel mientras ofrecían sacrificios, y el pueblo se unió a Baal de Peor cuando comió con las hijas de Moab y adoró a sus dioses. Esto se conoce como 'adulterio'.

Números 25:9 dice: *"...y los que murieron por la plaga fueron veinticuatro mil"*. No obstante, el verso en 1 Corintios dice que fueron veintitrés mil. ¿Por qué hay una diferencia de mil personas?

El número en el Antiguo Testamento incluía a las mujeres gentiles que murieron en la plaga. Pero en el Nuevo Testamento, Pablo no tuvo ninguna razón para escribir acerca de los gentiles, así que solo mencionó el número de israelitas que murieron.

Respecto al adulterio, existe el adulterio espiritual y el adulterio físico. El adulterio mencionado en el verso 8 corresponde al adulterio espiritual. Algo que amamos más que a Dios es un ídolo, y si teniendo fe adoramos a un ídolo, esto se convierte en adulterio espiritual. Dado que el adulterio físico es un pecado, Pablo da este ejemplo del adulterio físico para explicar acerca del adulterio espiritual.

Por ejemplo: las esposas y maridos deben amar a su cónyuge por encima de todos los demás. Si aman a otra persona más que a su propio cónyuge, ciertamente será un acto de adulterio. No podemos decir que no es adulterio si aman a la otra persona solo en su corazón o mente (Mateo 5:28).

De manera similar, cuando el pueblo de Israel se unió a Baal de Peor al comer con las mujeres gentiles y adorar a sus dioses, ciertamente se trataba de un acto de adoración y amor a otros dioses. Dios dice que fue un acto de adulterio, por lo que una maldición cayó sobre ellos y veintitrés mil murieron. El adulterio espiritual es un gran pecado.

Claro está que el adulterio físico es también un pecado. Ya sea adulterio espiritual o físico, Pablo nos animó a no actuar de manera inmoral para no ser olvidados por Dios al igual que este pueblo.

"Ni provoquemos al Señor, como algunos de ellos le provocaron, y fueron destruidos por las serpientes. Ni murmuréis, como algunos de ellos murmuraron, y fueron destruidos por el destructor" (10:9-10).

Había muchas serpientes venenosas en el desierto, pero el pueblo de Israel no sufrió mordeduras porque Dios lo protegió. No obstante, Dios se vio obligado a alejar Su rostro de ellos cuando se quejaron contra Moisés y contra Él. Fue entonces cuando las feroces serpientes comenzaron a morderlos y muchos de ellos murieron.

Entonces el pueblo clamó a Moisés; Él oró a Dios e hizo una serpiente de bronce y la colocó según las ordenanzas de Dios. Todo aquel que miraba a esta serpiente, era salvo (Números 21).

En un sentido actual, esto se relaciona con la fe en las obras de la cruz. Los que se arrepienten y miran a la cruz con fe, recibirán salvación. Pero aquellos que no creen en el evangelio que escuchan, no podrán ser salvos. En aquel entonces, los que no miraban a la serpiente debían morir, y esto fue así porque se quejaron contra Dios.

El verso 9 dice: "Ni provoquemos al Señor, como algunos de ellos le provocaron, y fueron destruidos por las serpientes". Dios no perdona cuando la gente se queja contra Él y lo provoca.

En Números 14:2-3 leemos: *"Y murmuraron contra Moisés y Aarón todos los hijos de Israel; y les dijo toda la congregación: ¡Ojalá hubiéramos muerto en la tierra de Egipto! ¡Ojalá hubiéramos muerto en este desierto!"*

Respecto a esto, Dios dijo al pueblo de Israel:

"En este desierto caerán vuestros cadáveres, todos vuestros enumerados de todos los contados de veinte años arriba, que han murmurado contra mí. De cierto que vosotros no entraréis en la tierra en la cual juré estableceros, excepto Caleb, hijo de Jefone, y Josué, hijo de Nun. Sin embargo,

vuestros pequeños, de quienes dijisteis que serían presa del enemigo a ellos los introduciré, y conocerán la tierra que vosotros habéis despreciado. Pero en cuanto a vosotros, vuestros cadáveres caerán en este desierto. Y vuestros hijos serán pastores por cuarenta años en el desierto, y sufrirán por vuestra infidelidad, hasta que vuestros cadáveres queden en el desierto" (Números 14:29-33).

Los versos siguientes (36, 37) dicen también: *"En cuanto a los hombres a quienes Moisés envió a reconocer la tierra, y que volvieron e hicieron a toda la congregación murmurar contra él dando un mal informe acerca de la tierra, aquellos hombres que dieron el mal informe acerca de la tierra, murieron debido a una plaga delante del SEÑOR"*.

Dios no perdonó a los hijos de Israel no solo cuando se quejaban contra Él, sino también cuando se quejaban contra Su siervo Moisés. Dios había establecido a Moisés ante el pueblo, y por ende, quejarse contra él era igual a quejarse contra Dios mismo. Muchas partes de la Biblia nos dicen que cosas como esas son pecado; implican probar a Dios, y no debemos quejarnos ni provocar a Dios de esa manera.

"Estas cosas les sucedieron como ejemplo, y fueron escritas como enseñanza para nosotros, para quienes ha llegado el fin de los siglos. Por tanto, el que cree que está firme, tenga cuidado, no sea que caiga" (10:11-12).

Los eventos escritos en el Antiguo Testamento pueden ser como un espejo en el que podemos examinar nuestro ser. El pasaje anterior significa que no debemos murmurar en contra de Dios ni provocarlo. Dios no perdona a quien haga esto.

Dios jamás cambia; incluso hoy al igual que en el pasado, los que cometen estos pecados no pueden ser perdonados, no solo en los tiempos del Antiguo Testamento, sino también en la actualidad. Por eso jamás debemos cometer estos pecados; respecto a estas cosas, Pablo dijo: "...fueron escritas como enseñanza para nosotros".

Dice también: "Así que, el que piensa estar firme, mire que no caiga". En el Antiguo Testamento también, los que pensaban que estaban firmes fueron en realidad los que se quejaban, murmuraban y se levantaban contra Dios por su arrogancia. Por lo general son los líderes los que causan que el pueblo murmure y se levante contra Dios. De este modo, los que piensan que están 'firmes' en realidad están siendo arrogantes.

De hecho, nadie entre nosotros está firme. Comenzamos a tener fe después de aceptar a Jesucristo, y cuando alcanzamos un nivel maduro de fe, es semejante a graduarse de la universidad. Tras la graduación, salimos a la sociedad y aplicamos lo que hemos aprendido.

De manera similar, podemos decir que conocemos la voluntad de Dios y los 66 libros de la Biblia solo cuando tenemos una medida de fe completa. Entonces podemos aplicar la Palabra en la Biblia en este mundo y de ese modo seguiremos la voluntad de Dios y viviremos para Su gloria.

Si avanzamos hasta este nivel y conocemos la verdad cada vez más, no nos exaltaremos y nos tornaremos humildes. Esto se debe a que llegamos a comprender que lo que sabemos es solo mínimo. Por consiguiente, debemos equiparnos con la verdad de continuo, sin pensar que estamos firmes para que podamos llegar a tener el corazón del Señor.

Dios provee también la vía de escape

"No os ha sobrevenido ninguna tentación que no sea común a los hombres; y fiel es Dios, que no permitirá que vosotros seáis tentados más allá de lo que podéis soportar, sino que con la tentación proveerá también la vía de escape, a fin de que podáis resistirla" (10:13).

Los creyentes no tienen ninguna razón para ser tentados y tropezar. Dios es bueno, por eso no nos da pruebas que nos causen momentos difíciles sino que permite que tengamos solamente pruebas que podamos superar.

Existen dos tipos de pruebas o tentaciones: Primero están las causadas por Satanás debido a que no vivimos en la Palabra de Dios o porque somos codiciosos. Esta no es una tentación por parte de Dios, y tampoco tiene relación alguna con Él. En este caso, podemos simplemente arrepentirnos y alejarnos del pecado que dio ocasión a ello.

Segundo están las pruebas por parte de Dios. Estas son

distintas a las pruebas ocasionadas por Satanás sobre la vida de los que tienen ciertas formas de maldad. La prueba de parte de Dios es para que seamos bendecidos. Las bendiciones se las recibe al superar las pruebas. Es algo semejante a ser aceptado en una escuela para estudiar en ella si es que se supera el examen de ingreso.

La prueba que se le dio a Abraham de ofrecer a su hijo Isaac correspondió a este tipo de prueba. Abraham no tropezó en su prueba ni murmuró, y tampoco se quejó. Dios la permitió porque Abraham podía superarla bien. Cuando la superó con fe, Dios le dio una bendición muy sorprendente, diciendo: *"...de cierto te bendeciré grandemente, y multiplicaré en gran manera tu descendencia como las estrellas del cielo y como la arena en la orilla del mar..."* (Génesis 22:17).

Dios permite que tengamos pruebas porque tienen el propósito de bendecirnos y causar que nuestra fe crezca. Crecemos en espíritu, nos adentramos en la verdad y alcanzamos un nivel superior de santificación, amor y fe gracias a estas pruebas. Si nuestra alma prospera al superar estas pruebas, Dios demuestra que nos ama y bendice. Esta es la razón por la que debemos dar gracias en medio de las pruebas.

Los que tienen fe verdadera no tropezarán en las pruebas. Dios nos ha dado el poder mental, el razonamiento y el corazón con el que podemos vencer al mundo. La razón por la que algunos tropiezan se debe a que resbalan por causa de su falta de fe.

Los hombres de fe que temen a dios y viven de acuerdo a Su Palabra se regocijan, oran y dan gracias ante las pruebas. Al hacerlo, las pruebas se alejan de ellos. Dios permite que todas las cosas obren para bien, y esta es la bendición para ellos.

Huid de la idolatría

"**Por tanto, amados míos, huid de la idolatría. Os hablo como a sabios; juzgad vosotros lo que digo**" (**10:14-15**).

Podemos encontrar la expresión 'amados' en muchas partes de la Biblia. Esta expresión se usa para las personas que se levantan en fe y verdad, y así pueden recibir la palabra a continuación. Aquí dice: "Por tanto, amados míos, huid de la idolatría". ¿Qué es, pues, la idolatría?

En 1 Corintios 10:7 se habla acerca de la gente que se sentó a comer y beber, y que se levantó para jugar ante el becerro de oro que hicieron mientras Moisés estaba en el Monte Sinaí. El verso 8 habla acerca de los que adoraron los dioses de las mujeres de Moab. Los versos 9 y 10 mencionan a los que fueron destruidos por las serpientes por causa de sus murmuraciones y por provocar al Señor. Todas estas cosas son actos de idolatría.

Hay una razón por la que la gente no confía por completo en Dios; se debe a que tienen una gran cantidad de ídolos en los que confían, tales como su conocimiento, el poder social, la fama o cualquier otra cosa que poseen y ponen por encima de Dios. Es en estas cosas que ellos se 'levantan en contra de Dios'.

El pasaje anterior dice: "Os hablo como a sabios…". La sabiduría, en este caso, no se refiere a la sabiduría del mundo, sino a la otorgada por Dios. Conocer a Dios y entender la verdad es el principio de la sabiduría y el conocimiento. La sabiduría en este verso se refiere a la sabiduría de conocer la Palabra de Dios. Pablo dijo que estaba hablando como a sabios porque ellos entendían la Palabra de Dios.

Pablo dijo también: "…juzgad vosotros lo que digo". La Biblia nos dice que no juzguemos. ¿Por qué Pablo dijo eso entonces? Él se refería a que ellos debían discernir con la verdad; pues ellos ya la conocían. Es por esto que no lo dijo a la gente al azar, sino solo a aquellos que eran sabios en la Palabra, y es también por esto que comenzó su oración diciendo "mis amados".

"La copa de bendición que bendecimos, ¿no es la participación en la sangre de Cristo? El pan que partimos, ¿no es la participación en el cuerpo de Cristo? Puesto que el pan es uno, nosotros, que somos muchos, somos un cuerpo; pues todos participamos de aquel mismo pan. Considerad al pueblo de Israel: los que comen los sacrificios, ¿no participan del altar?"

(10:16-18)

Nosotros participamos en el cuerpo y la sangre de Cristo al comer el pan y beber el vino de la Santa Cena. ¿Por qué es una bendición comer el cuerpo y beber la sangre de Cristo? Es porque nos da vida y nos lleva al camino de la vida eterna.

En la Santa Cena comemos un pan debido a que hay un solo Jesús. La verdad es solo una, y no puede haber nada más que los 66 libros de la Biblia.

Los que toman esta verdad tendrán la verdad en su corazón, y tendrán el corazón de Jesús. Todo el mundo puede estar en unidad con un corazón en una verdad sin importar el género o la edad, y así, todos podemos convertirnos en un pan. Somos un cuerpo y un corazón, por eso dice que 'todos participamos de un mismo pan'.

En el verso 18 de la versión RVR1960 leemos: "Mirad a Israel según la carne; los que comen de los sacrificios, ¿no son partícipes del altar?"

Para hablar acerca de Israel, hay quienes son nacidos según la carne mientras que otros son nacidos por fe en el espíritu. Hay quienes son nacidos de la semilla de la promesa, Isaac, por fe, mientras que otros no son nacidos de la promesa sino de la carne.

Al hablar de 'Israel según la carne' se refiere a los que tienen fe solo en sus obras externas. En el Antiguo Testamento, aunque se tuviera un corazón muy inmundo, lleno de astucia y odio, la persona no se consideraba pecadora a menos que en realidad cometiera el pecado del robo, adulterio u homicidio en acción.

El Israel según la fe se refiere a los que se circuncidan el corazón para hacerlo santo. Estos se santifican, y sus obras son también en la luz y la verdad. Aunque hay también quienes tienen amistad con el mundo sin abstenerse de los pecados y sin seguir la Palabra de Dios. Estos son simples feligreses, y se los conoce como 'Israel según la carne'.

La segunda parte del verso 18 dice: "...los que comen los sacrificios, ¿no participan del altar?"

En la Biblia, los pecadores se clasifican en 'cosas de la carne' y 'obras de la carne'. Las cosas de la carne son las características pecaminosas en el corazón, mientras que las obras de la carne son los pecados cometidos con acciones. Todos los pecados también son denominados como 'sacrificios a los ídolos'. 'Israel según la carne' representa a los que todavía comen los sacrificios a los ídolos mientras participan del altar de Israel. Es decir, en la actualidad son los que vienen a la iglesia, pero siguen viviendo en pecado.

"¿Qué quiero decir, entonces? ¿Que lo sacrificado a los ídolos es algo, o que un ídolo es algo? No, sino que digo que lo que los gentiles sacrifican, lo sacrifican a los demonios y no a Dios; no quiero que seáis partícipes con los demonios. No podéis beber la copa del Señor y la copa de los demonios; no podéis participar de la mesa

del Señor y de la mesa de los demonios" (10:19-21).

A manera de alegoría, el apóstol Pablo explica por inspiración del Espíritu Santo acerca de las cosas que son ídolos y las cosas que son sacrificadas a los ídolos.

Al hablar de 'gentiles' se refiere a los no creyentes; ellos sacrifican a los ídolos y piensan que sus ancestros se han convertido en demonios y se inclinan ante ellos. De hecho, en realidad no están adorando a sus ancestros demonios.

¿A dónde fueron todos nuestros ancestros? Los creyentes en Jesucristo fueron al Paraíso (Lucas 23:43) y los no creyentes están encerrados en el Sepulcro bajo (Lucas 16:23). Por lo tanto, aunque la gente adore a sus ancestros y sacrifique cosas buenas para ellos, estos no pueden recibir su adoración. Los que sí reciben la adoración son los demonios. Los que mueren sin recibir salvación irán al Sepulcro bajo. Algunos de ellos son escogidos de modo especial bajo ciertas condiciones para venir a este mundo como demonios.

Inclinarse ante los demonios es ser partícipes con ellos. Si nos inclinamos ante nuestros padres que están vivos, significa que los respetamos, y ellos aceptan nuestro corazón. Esto es comunión porque compartimos nuestro corazón. De igual manera, inclinarse ante los demonios es tener comunión con ellos. Por ende, Pablo dice que no quiere que sean partícipes de los demonios.

El verso 21 dice: "No podéis beber la copa del Señor y la copa de los demonios; no podéis participar de la mesa del Señor y de la mesa de los demonios".

Una persona no puede ir a dos lugares distintos al mismo tiempo; ya sea que desee ir a Seúl o a Busan, la persona debe escoger uno de los dos lugares. De igual manera, no podemos ir por el camino de la destrucción y el de la vida eterna al mismo tiempo.

Por consiguiente, no tendría que haber ni una persona que presente excusas tales como: "Tengo fe débil, y no puedo evitarlo. Yo participo en la copa del Señor adorando a Dios en la iglesia, pero también debo inclinarme ante los ídolos porque mis padres me obligan a hacerlo". Cosas como esta jamás deben ocurrir. Esto demuestra que la persona no tiene fe en absoluto.

Ya que los creyentes llaman 'Padre' a Dios, no deben, al mismo tiempo, agradar a Satanás al cometer pecados, teniendo amistad con el mundo y actuando con injusticia, sino que deben escoger uno de los dos caminos: vivir en la verdad o en el pecado. Pablo explica esto en la comparación con la copa de los demonios, y la mesa de los demonios, que son ejemplos en nuestra vida.

"¿O provocaremos a celos al Señor? ¿Somos, acaso, más fuertes que El?" (10:22)

¿Hay alguien que es más fuerte que el Señor? Los que fácilmente se quejan contra Dios, que dicen que quieren abandonar la iglesia, o los que provocan a la iglesia son los que actúan como si fueran más fuertes que el Señor. ¿Nos atrevemos a tratar de ser más fuertes que el Señor y provocarle a celos?

No podemos decir que somos más fuertes que el Señor si en realidad vivimos en Él, quien está vivo y obrando. Nuestro ego y nuestro ser se quebrantarán por completo, y diremos: "Me fortalezco solo en el poder que el Señor me otorga. No puedo hacer nada sin el Señor". Moriremos cada día al igual que Pablo.

Los que se inclinan ante el Señor y creen en Él por completo también lo amarán, servirán a sus hermanos en la fe y vivirán en paz con ellos de acuerdo a la Palabra de Dios. No tendrán amistad con el mundo ni actuarán con el pecado y la falta de rectitud que el Señor aborrece, y abandonarán toda forma de maldad. Es decir, no serán partícipes de la idolatría, no comerán lo sacrificado a los ídolos ni serán partícipes con los demonios.

Satanás es el que hace que la gente cometa pecados, pero si comemos lo sacrificado a ídolos, es decir, si cometemos pecados y vivimos en la falsedad, seremos partícipes de Satanás al obedecerle. La gente que hace esto, no teme a Dios. Es este tipo de persona la que no tiene temor reverente de Dios y más bien lo provoca o se queja contra Él. Por eso se usa la expresión que dice que ellos son 'más fuertes que el Señor'.

Significado literal de idolatría

"Todo es lícito, pero no todo es de provecho. Todo es lícito, pero no todo edifica" (10:23).

Dios no creó al hombre igual que los ángeles que solo obedecen de modo incondicional, sino que dio al hombre el libre albedrío para que escogiera según lo desee. Luego Dios le dijo que caería en destrucción si comía del árbol de la ciencia del bien y del mal, pero que podría vivir con Él por siempre si no comía de aquel árbol.

Todo es posible, pues podemos hacer lo uno o lo otro. Sin embargo, lo que escogemos hacer será de beneficio solamente si seguimos la voluntad de Dios. Si no vivimos en la verdad, significa que iremos por el camino de muerte, el camino de la destrucción.

Asimismo, aunque podemos hacer todas las cosas, no todo edifica. Por ejemplo: no podemos adorar a Dios abiertamente, reír y hacer sonidos de gozo durante un funeral solo por el hecho de que tenemos fe. Debemos poder consolar a la familia del difunto de acuerdo a la atmósfera del lugar.

Si fallece un miembro de una familia creyente, entonces es correcto cantar alabanzas sobre la esperanza de ver nuevamente al difunto en el reino de los Cielos. No obstante, si hay un no creyente en la familia a quien no le agradan los cánticos, debemos tomarlo en cuenta también. Este es solo uno de los muchos ejemplos; en muchas otras áreas, todas las cosas nos son lícitas, pero no todas edifican.

"Nadie busque su propio bien, sino el de su prójimo. Comed de todo lo que se vende en la carnicería sin preguntar nada por motivos de conciencia; porque del Señor es la tierra y todo lo que en ella hay. Si algún incrédulo os invita y queréis ir, comed de todo lo que se os ponga delante sin preguntar nada por motivos de conciencia" (10:24-27).

En 1 Corintios 13, el Capítulo del Amor, dice: *"El amor no busca lo suyo";* esto es amor espiritual. No obstante, el amor del mundo sí busca lo suyo, es amor carnal.

Podemos tener el amor espiritual, otorgado por Dios, solo cuando destruyamos nuestro ser y tengamos la voluntad para sacrificarnos por los demás. Estaremos siempre gozosos cuando nos despojemos del amor carnal y tengamos el amor espiritual. Pablo dice que tenemos que buscar el beneficio de los demás con este tipo de amor.

Leemos: "Comed de todo lo que se vende en la carnicería sin preguntar nada por motivos de conciencia". En este pasaje, Pablo en realidad habla acerca de lo sacrificado a los ídolos. Esto está en relación con el verso 23, que dice: "Todo es lícito...".

Cuando se compra algo en el mercado, ¿se pregunta al vendedor si adora ídolos? En el caso de que dijera que sí, ¿nos alejaríamos de él? Claro que no haríamos eso. Además, cuando vendemos algo, no preguntamos al comprador si adora ídolos o no, para entonces decidir si le venderemos o no el objeto. No debemos hacer algo así. No tenemos ninguna razón para preguntarle si adora ídolos o no; podemos simplemente comprar y vender cosas sin preguntar nada.

De la misma manera, cuando comemos algo, no debemos preguntar si ha sido sacrificado a los ídolos. Todas las cosas en el universo pertenecen a Dios y es por eso que podemos comer sin preguntar.

Supongamos que un no creyente nos ha invitado a cenar. Pablo nos dice que no debemos preguntar al anfitrión si la comida ha sido sacrificada a los ídolos. Podemos comer con fe porque todas las cosas son de Dios y aquella comida en particular también ha sido provista por Él. No obstante, hay algunas cosas que no debemos comer, y esto lo explican los siguientes versos.

"Pero si alguien os dice: Esto ha sido sacrificado a los ídolos, no lo comáis, por causa del que os lo dijo,

y por motivos de conciencia; porque del Señor es la tierra y todo lo que en ella hay. Quiero decir, no vuestra conciencia, sino la del otro; pues ¿por qué ha de ser juzgada mi libertad por la conciencia ajena? Si participo con agradecimiento, ¿por qué he de ser censurado a causa de aquello por lo cual doy gracias?" (10:28-30)

Un no creyente puede pensar: "He escuchado que los creyentes no comen lo sacrificado a los ídolos. Dado que esta persona es creyente, probablemente no debo servirle esta comida que ha sido sacrificada a los ídolos". Si aquella persona le dice al creyente que la comida fue sacrificada a los ídolos, entonces no debe comerla. Claro está que fue provista por Dios, pero fue sacrificada a los demonios. No debemos comerla sabiendo que ha sido sacrificada a los ídolos.

Si lo hacemos, el no creyente quizás nos juzga pensando que no somos creyentes devotos en realidad. Somos juzgados por su consciencia, y eso no es agradable a Dios.

Cuando el no creyente nos dice que la comida ha sido sacrificada a los ídolos, su intención es que no la comamos. Por lo tanto, por el bien de ella, no debemos comerla. Además es obvio que no debemos comerla porque sabemos que ha sido sacrificada a los ídolos.

Si la comemos aun después de escuchar que ha sido sacrificada a los ídolos, entonces la consciencia de aquel que nos lo dijo nos juzgará.

Tenemos la fe y la libertad para comer, pero no tenemos que practicar la libertad al punto de hacer que los demás nos juzguen, pues debemos buscar el beneficio de los demás, y no el nuestro.

En Mateo 5:39-41 dice: *"Pero yo os digo: no resistáis al que es malo; antes bien, a cualquiera que te abofetee en la mejilla derecha, vuélvele también la otra. Y al que quiera ponerte pleito y quitarte la túnica, déjale también la capa. Y cualquiera que te obligue a ir una milla, ve con él dos"*. Incluso cuando una persona que no es de nuestro agrado nos obliga a ir con ella por una milla, debemos estar dispuestos a ir por dos.

Esto es con la intención de conmover su corazón y llevar a esa persona a la salvación. En el mismo sentido, no debemos comer alimentos si alguien nos hace saber que han sido sacrificados a los ídolos.

'Participar con el agradecimiento' significa 'actuar en la verdad en base a la consciencia'. No obstante, cuando alguien nos hace saber que la comida fue sacrificada a los ídolos, pero aun así la comemos diciendo que está bien porque tenemos fe, la persona quizás nos critique diciendo que no guardamos la ley de Dios.

Por lo tanto, en estos casos, no debemos comerla por el bien de los que tienen fe débil o los que carecen de ella. No es correcto ser partícipes con agradecimiento y causar que los demás nos critiquen.

Hacedlo todo para la gloria de Dios

"Entonces, ya sea que comáis, que bebáis, o que hagáis cualquier otra cosa, hacedlo todo para la gloria de Dios" (10:31).

Digamos que estamos ante la situación en la que nuestros padres desean que nos inclinemos ante los ídolos. En este caso, no debemos hacerlo pensando que no deseamos causar que nuestros padres tengan sentimientos de incomodidad. Probablemente debemos hablarles con anterioridad para no tener que inclinarnos.

Supongamos que la familia entera tendrá una reunión con alimentos que son sacrificados a los ídolos. En este caso, si les decimos que no deseamos nada que haya sido sacrificado a los ídolos y pedimos que nos den otra comida, nuestros padres posiblemente se molesten. Dado que la paz de la familia se quebranta, será difícil predicarles.

Por consiguiente, está bien comer lo sacrificado a los ídolos como esfuerzo para evangelizar a los miembros de la familia, porque esa comida particular también es provista por Dios. Así, ya sea que comamos o bebamos o en cualquier cosa que hagamos, debemos hacerlo para la gloria de Dios, sin buscar nuestro beneficio.

"No seáis motivo de tropiezo ni a judíos, ni a griegos, ni a la iglesia de Dios; así como también yo procuro agradar a todos en todo, no buscando mi propio beneficio, sino el de muchos, para que sean salvos" **(10:32-33).**

En este caso, los 'judíos' son los creyentes, mientras que los 'griegos' son los no creyentes. El apóstol Pablo no buscó su propio beneficio; él dijo que podía hacerlo todo, pero que no comería carne por siempre si no lo hacía por los demás. Él no vivió para sí mismo, sino que fue circuncidado, pero se hizo como incircunciso para aquellos que no lo eran.

El propósito de todo lo que hizo fue la salvación de las almas y el poder glorificar a Dios. Nosotros tampoco debemos buscar nuestro propio beneficio, sino hacerlo todo para la gloria de Dios y la salvación de las almas.

Capítulo 11

ACERCA DEL ORDEN ESPIRITUAL

— Sed imitadores de mí

— Acerca del orden espiritual

— La mujer no se cubre la cabeza

— La razón por la que surgen los pleitos y contiendas

— Verdadero significado de la Santa Cena

Sed imitadores de mí

"**Sed imitadores de mí, como también yo lo soy de Cristo. Os alabo porque en todo os acordáis de mí y guardáis las tradiciones con firmeza, tal como yo os las entregué**" (11:1-2).

De la manera en que Cristo obedeció hasta la muerte, el apóstol Pablo también obedeció al Señor hasta su muerte; su corazón entero, sus acciones y toda su voluntad estaban en la verdad que reflejaba a Jesucristo.

En Juan 14:15, Jesús dijo: *"Si me amáis, guardaréis mis mandamientos"*. Asimismo, Pablo dijo confiadamente: "Sed imitadores de mí", ya que él reflejaba a Jesucristo. Debido a que las palabras y obras de Pablo estaban en la verdad, imitarlo a él era semejante a imitar al Señor y Dios.

No obstante, no todos los pastores pueden decir a los miembros de su iglesia: "Sean imitadores de mí..." tan solo porque el apóstol Pablo lo dijo. Si alguien dice a los demás que lo imiten, sin embargo no tiene el carácter de Dios ni le obedece a Él por completo, entonces significa que es arrogante.

Mas si alguien tiene el corazón del Señor por completo y vive en Su voluntad al igual que el apóstol Pablo, entonces podrá enseñar a otros con su ejemplo para que sean imitadores de él.

El apóstol Pablo vivió solo para la gloria de Dios en todo, ya sea al comer, beber o en todo lo que hacía. No consideraba su vida digna cuando no era para Jesucristo; se regocijaba y daba gracias aun cuando era azotado y perseguido, y seguía la voluntad de Dios aunque significara sufrimiento y persecución, e incluso cuando la muerte lo esperaba en el camino.

Él pudo tomar el camino que escogió con gozo debido a que su esperanza estaba en el reino de los Cielos. Si nosotros también tenemos fe, definitivamente deberíamos imitar el ejemplo del apóstol Pablo; su corazón, su carácter y sus obras.

En el siguiente verso dice: "...en todo os acordáis de mí". ¿Qué es lo que los miembros de la iglesia de Corinto recordaban de Pablo?

En sus viajes misioneros, el apóstol Pablo estableció iglesias, predicó la resurrección del Señor y el camino de la cruz, además de predicar el evangelio con sus epístolas. Los miembros de la iglesia de Corinto consideraron sus palabras como Palabra de Dios, y las guardaron.

Todos vieron de qué manera predicaba y enseñaba Pablo y

recordaron la verdad predicada y la guardaron también para sí mismos.

Lo único de lo que el apóstol Pablo predicó fue el evangelio de Jesucristo; él solo habló de la voluntad de Dios y Sus mandamientos y los enseñó a los miembros en Corinto muchas veces, hablándoles además de la voluntad de Dios para nosotros, que es la de gozarnos, dar gracias, orar, tener paz, abandonar la injusticia y seguir la bondad. Al decir esto, Pablo estaba alabando a los creyentes en Corinto porque habían guardado sus enseñanzas.

Acerca del orden espiritual

"Pero quiero que sepáis que la cabeza de todo hombre es Cristo, y la cabeza de la mujer es el hombre, y la cabeza de Cristo es Dios. Todo hombre que cubre su cabeza mientras ora o profetiza, deshonra su cabeza. Pero toda mujer que tiene la cabeza descubierta mientras ora o profetiza, deshonra su cabeza; porque se hace una con la que está rapada. Porque si la mujer no se cubre la cabeza, que también se corte el cabello; pero si es deshonroso para la mujer cortarse el cabello, o raparse, que se cubra. Pues el hombre no debe cubrirse la cabeza, ya que él es la imagen y gloria de Dios; pero la mujer es la gloria del hombre" (11:3-7).

Pablo elogió a los creyentes en Corinto por guardar sus enseñanzas, pero tuvo que decirles nuevamente el orden espiritual ya que no lo estaban cumpliendo.

La cabeza de una mujer es el hombre; la cabeza del hombre

es Cristo; la cabeza de Cristo es Dios. Por lo tanto, en primer lugar está Dios, en segundo lugar está Cristo, el hombre está en tercer lugar y en cuarto lugar está la mujer. Este es el orden del que Dios está hablando.

Sin embargo, es difícil comprender el siguiente verso si consideramos únicamente su significado literal: "Todo hombre que cubre su cabeza mientras ora o profetiza, deshonra su cabeza. Pero toda mujer que tiene la cabeza descubierta mientras ora o profetiza, deshonra su cabeza; porque se hace una con la que está rapada".

De acuerdo a este verso, ¿tienen que poner algo sobre su cabeza las mujeres? En la iglesia católica romana, las mujeres sí cubren su cabeza con algo cuando van a la misa. Esto se debe a que toman este verso de manera literal, pero es importante que comprendamos su sentido espiritual y que lo sigamos.

¿Por qué el hombre no puede cubrir su cabeza?

El pasaje anterior dice: "Pero quiero que sepáis que la cabeza de todo hombre es Cristo, y la cabeza de la mujer es el hombre, y la cabeza de Cristo es Dios".

La palabra 'cabeza' tiene varios significados. Entre ellos, simboliza 'ir delante/ir al mando', 'el extremo o lugar que es superior o en la parte superior', y 'posición de superioridad'. Al decir que un hombre es la cabeza de la mujer significa que el hombre está delante, tiene una posición superior y tiene autoridad sobre la mujer.

En una familia, la esposa debe obedecer al esposo en la verdad para poder tener una familia pacífica. En las organizaciones, debemos obedecer a los líderes. No obstante, no hay que ser arrogantes tan solo porque se es mayor o se tiene una posición superior. Mientras más alto sea el lugar o la posición en la que estamos, más humildes debemos ser y más debemos servir a los demás.

¿Por qué se estará deshonrando a Cristo cuando un hombre se 'cubra' su cabeza?

En el verso 7 dice que un hombre es la imagen y gloria de Dios, quien creó a los seres humanos; Él creó al hombre, y luego a la mujer. En este mundo, se supone que un hombre debe estar en el lugar de la imagen de Cristo. En lo espiritual, la cabeza es Dios y Cristo, pero en lo físico, Dios estableció al hombre para estar en el lugar de Cristo en la Tierra.

Cubrirse la cabeza significa que está siendo restringido o limitado por algo. Por lo tanto, no es correcto para el hombre, quien está en el lugar de Cristo, que esté limitado por alguien, lo que significa que Jesucristo no puede estar limitado por alguien. Por lo tanto, si un hombre tiene cubierta su cabeza, es una deshonra a Cristo.

¿Cuál es el significado espiritual de la mujer cubriendo su cabeza?

El verso 5 dice: "Pero toda mujer que tiene la cabeza

descubierta mientras ora o profetiza, deshonra su cabeza; porque se hace una con la que está rapada".

Cuando la mujer cubre su cabeza, es para demostrar que tiene su mayordomo en la Tierra. Esta es una expresión de humildad y respeto.

¿Quién es la cabeza de la mujer? Es el hombre. De este modo, que la mujer no cubra su cabeza significa que no desea ser restringida por el hombre y que quiere convertirse en líder y mayordomo sin nadie sobre ella. Esta es una actitud arrogante ya que no está obedeciendo la Palabra de Dios e implica deshonrar al hombre que es la cabeza.

La mujer debe 'cubrir su cabeza', lo que significa que será obediente y servirá. El acto de no tener cubierta la cabeza demuestra su vergüenza, como si se hubiera rapado su cabeza. Sin embargo, no piense que se puede usar un sombrero a partir de hoy en oración. Debemos entender el significado espiritual contenido en estas palabras.

> **"Porque el hombre no procede de la mujer, sino la mujer del hombre; pues en verdad el hombre no fue creado a causa de la mujer, sino la mujer a causa del hombre. Por tanto, la mujer debe tener un símbolo de autoridad sobre la cabeza, por causa de los ángeles"** **(11:8-10).**

Génesis 2 explica por qué Dios creó a la mujer y cómo provino ella del hombre. Ella fue creada como ayuda idónea para él, tomada de las costillas de Adán. Es por esto que la mujer es la gloria del hombre. El pasaje anterior explica por qué la mujer debe obedecer al hombre: porque la mujer fue hecha para bien del hombre.

¿Qué significa: "Por tanto, la mujer debe tener un símbolo de autoridad sobre la cabeza, por causa de los ángeles"?

'Tener un símbolo de autoridad sobre la cabeza' significa que la mujer debe cubrir su cabeza. Los ángeles son espíritus que Dios creó, y en este verso, al decir 'por causa de los ángeles', significa que debemos reconocer el orden del reino espiritual.

Hebreos 1:14 dice: *"¿No son todos ellos espíritus ministradores, enviados para servir por causa de los que heredarán la salvación?"* Esta es la ley y el orden del reino espiritual. Dios, con Su autoridad, envió a Sus ángeles para que ministren y protejan a los creyentes.

Hay ángeles que nos sirven en este mundo, y como dice Mateo 18:10, hay ángeles en el Cielo que registran todo acerca de nosotros. El libro de Apocalipsis también habla acerca de los ángeles que llevan nuestras oraciones al Cielo (Apocalipsis 8:3). Los ángeles obedecen la ley y el orden del reino espiritual de acuerdo a su rol.

Dios hizo a los ángeles antes de hacer al hombre. Por lo tanto, los ángeles vieron cómo Dios hizo a la mujer de las costillas de Adán, y que ella fue hecha para bien del hombre. Por lo tanto, se supone que la mujer debe servir y obedecer al hombre, y si no lo hace, ¿cómo puede su ángel servirla a ella?

Suponga que una persona está trabajando como guardia de seguridad en una empresa en la que su hijo es el presidente. Él quizás lo llame 'hijo' en casa, pero en la empresa debe darle el debido respeto como presidente de la compañía, de lo contrario, el orden jerárquico no se mantendrá en la empresa.

De manera similar, se supone que la mujer debe obedecer al hombre como su cabeza y, como un medio para expresar que está bajo cierta autoridad, debe 'cubrirse la cabeza'.

"Sin embargo, en el Señor, ni la mujer es independiente del hombre, ni el hombre independiente de la mujer. Porque así como la mujer procede del hombre, también el hombre nace de la mujer; y todas las cosas proceden de Dios" (11:11-12).

Desde Adán, el primer hombre, ni la mujer es independiente del hombre, ni el hombre independiente de la mujer. Dios creó a Adán y Eva y les dio el semen y el óvulo para que continuaran la reproducción. Por consiguiente, todo se origina en Dios.

Esto significa que el hombre y la mujer son iguales en el Señor. En la ley y el orden espirituales, la mujer debe obedecer al hombre; obedecer según la orden significa que se lo hará con confianza y amor del uno al otro. No significa que el hombre dará órdenes, dirigirá y usará la violencia contra la mujer.

La mujer provino del hombre, y el hombre también nace a través de la mujer. Es decir, todos somos iguales, sin embargo la mujer debe obedecer al hombre en el Señor y ellos deben obedecerse el uno al otro y estar de acuerdo conociendo la voluntad de Dios.

La mujer no se cubre su cabeza

"Juzgad vosotros mismos: ¿es propio que la mujer ore a Dios con la cabeza descubierta? ¿No os enseña la misma naturaleza que si el hombre tiene el cabello largo le es deshonra, pero que si la mujer tiene el cabello largo le es una gloria? Pues a ella el cabello le es dado por velo" (11:13-15).

En un significado literal, la mujer debe cubrir su cabeza como señal de que está bajo el hombre y no es correcto que ella ore sin cubrirse la cabeza. Por otro lado, si el hombre tiene cabello largo, debe sentirse avergonzado por su consciencia; debe sentir vergüenza por comportarse como una mujer.

Lo mismo sucede con la mujer; si se viste como hombre y actúa como hombre, debe tener un sentir de vergüenza. El hombre es la imagen y gloria de Dios en este mundo, así que no debería ser restringido. De este modo, si tiene cabello largo, está deshonrando a Dios.

Es más, si un hombre conoce a Dios y sabe la ley del reino espiritual, está ignorando este orden de las cosas y debería sentir vergüenza de sí mismo. El hecho de que vaya en contra del orden de las cosas significa que es arrogante.

En el verso 15 leemos: "...pero que si la mujer tiene el cabello largo le es una gloria? Pues a ella el cabello le es dado por velo". Esto significa que la mujer no tiene que cubrirse la cabeza en un sentido espiritual. ¿Por qué, en un sentido espiritual, ellas no tienen que cubrirse la cabeza?

Si se lo interpreta de modo literal, la mujer tendría que usar un sombrero en lugar de cabello largo. No obstante, en lo espiritual significa que no debe hacerlo porque el Espíritu Santo nos guía en la verdad. Es decir, el Espíritu Santo guía y conmueve nuestro corazón para que guardemos el orden de las cosas. Él nos enseña a hacer las cosas del hombre como tales, y las cosas de la mujer como tales.

Mientras las mujeres aprenden la verdad con la ayuda del Espíritu Santo, aprenden las tareas de una esposa. Es decir, seguirán el orden de las cosas con la guía del Espíritu Santo aunque no se cubran la cabeza.

Claro está que esto no significa que la mujer debe tener cabello largo en lo físico. En un sentido físico, simplemente pueden tener un buen aspecto.

Colosenses 3:18 dice: *"Mujeres, estad sujetas a vuestros maridos, como conviene en el Señor"*. Dice que deben sujetarse a sus esposos en el Señor, no fuera de Él. ¿Qué significa al decir "en el Señor"?

Si el esposo le pide a su mujer que no asista a la iglesia los domingos o que cometa algún pecado, ella no debe escucharlo. Esto es algo 'fuera del Señor'. Primero deben guardar la Palabra del Señor que es mayor en autoridad que los esposos.

No obstante, si el esposo pide a la mujer que no asista a la Vigilia entera del viernes, ella puede obedecer a su esposo. El viernes es distinto al domingo. Dios nos mandó que guardemos el domingo, pero no nos mandó que asistamos a la Vigilia entera del viernes. Claro está que la voluntad agradable de Dios es que asistamos a la Vigilia entera del viernes, pero la esposa debe ser prudente si su esposo no le permite asistir y debe tener la aprobación de su marido mediante su servicio a él con sabiduría. Esto es obediencia al Señor.

Asimismo, el marido no debe exigir que su esposa le obedezca. Colosenses 3:19 dice: *"Maridos, amad a vuestras mujeres y no seáis ásperos con ellas"*. Los maridos deben amar a sus esposas como a su propio cuerpo. Amar es sacrificarse a sí mismo y buscar el beneficio de los demás; el marido no debe causar amargura a su mujer.

La razón por la que surgen los pleitos y contiendas

"Pero si alguno parece ser contencioso, nosotros no tenemos tal costumbre, ni la tienen las iglesias de Dios" (11:16).

En la iglesia únicamente debe haber paz, orden y obediencia. No deben existir contiendas y pleitos respecto a lo que es correcto o incorrecto en la iglesia. Cosas tales como las contiendas solamente deben existir en el mundo, no en la iglesia.

En el Antiguo Testamento no había ninguna manera aparte de la obediencia de los mandamientos a Dios, quien es bueno, justo y santo. Ya que Él no tiene ninguna forma de maldad y desea darnos solo lo bueno, en realidad no existe otra manera para nosotros aparte de creer en Él y obedecerle. Esta es la voluntad de Dios, que nosotros nos obedezcamos unos a otros en la verdad. Sin embargo, si los creyentes discuten entre ellos, creyendo e insistiendo en que solo sus pensamientos y creencias son las correctas, surgirán las obras de Satanás. ¿Cómo se dan las discusiones entre los creyentes?

En primer lugar se dan porque no pueden ejercer el dominio propio. En Gálatas 5:17 leemos: *"Porque el deseo de la carne es contra el Espíritu, y el del Espíritu es contra la carne, pues éstos se oponen el uno al otro, de manera que no podéis hacer lo que deseáis"*.

Los que tienen los nueve frutos del Espíritu Santo no discuten entre sí; no pueden hacerlo porque ya tienen la llenura del amor, gozo, paz, paciencia y otros frutos de bondad. Los que no tienen estos frutos del Espíritu Santo todavía desean seguir los deseos de la carne y no pueden controlarse a sí mismos, y así surgen las contiendas y discusiones.

En segundo lugar se dan porque la gente no puede despojarse de sus sentimientos adversos. Gálatas 5:24 enseña: *"Pues los que son de Cristo Jesús han crucificado la carne con sus pasiones y deseos"*. Dios nos dice que no tengamos sentimientos adversos. En el libro de Job podemos ver que sus amigos tenían sentimientos de odio contra él, por lo que sus discusiones fueron continuas. Dios no estaba complacido con ellos, y les mandó que se arrepintieran.

En tercer lugar se dan porque la gente tiene ideas que son diferentes y que entran en conflicto con las suyas. Cuando las cosas no concuerdan con las ideas propias, se debe obedecer de acuerdo al orden. Como dice el refrán: "Demasiados cocineros estropean el caldo", no debemos insistir en nuestra propia opinión tan solo porque hay ideas que son distintas a las nuestras. Si seguimos pensando que nuestra opinión es la correcta, podemos sugerirla un par de veces, pero si los demás no escuchan, es adecuado cooperar y colaborar en unidad siguiendo el orden.

Aun Jesús a veces se alejó simplemente cuando la gente trataba de discutir con Él. La Biblia dice que Él no discutió y que nadie pudo escuchar Su voz en las calles. Debe haber habido tantas cosas que la gente estaba haciendo mal ante los ojos de Jesús, pero aun así, Él no discutió. En Mateo 7:6, leemos: *"No deis lo santo a los perros, ni echéis vuestras perlas delante de los cerdos..."*. Como está escrito, podemos brindar la verdad a quienes la acepten. Si no la aceptan, no debemos forzar a que lo hagan. De este modo evitaremos contiendas y discusiones.

1 Timoteo 6:3-5 instruye: *"Si alguno enseña una doctrina diferente y no se conforma a las sanas palabras, las de nuestro Señor Jesucristo, y a la doctrina que es conforme a la piedad, está envanecido y nada entiende, sino que tiene un interés morboso en discusiones y contiendas de palabras, de las cuales nacen envidias, pleitos, blasfemias, malas sospechas, y constantes rencillas entre hombres de mente depravada, que están privados de la verdad, que suponen que la piedad es un medio de ganancia"*.

Tan solo piense en el tipo de actitud que teníamos antes de

aceptar al Señor. No vivíamos de acuerdo a la Palabra de Dios y éramos personas arrogantes que no guardaban las enseñanzas referentes a la devoción en nuestro corazón. No conocíamos nada, pero pretendíamos saberlo todo y nos gustaba discutir y tener contiendas.

Los que no se sujetan a la verdad piensan que lo saben todo, y les gusta discutir. Estas personas piensan que los demás no conocen la esencia de las cosas, pero Dios dice que son arrogantes.

Si alguien hace algo que está en contra de la verdad, podemos aconsejarle o enseñarle, pero no debemos discutir con esa persona. Si continúa caminando en contra de la verdad a pesar de nuestro consejo, podemos simplemente dejar la situación en manos de Dios. No debemos quebrar el orden de las cosas con discusiones y contiendas.

"Pero al daros estas instrucciones, no os alabo, porque no os congregáis para lo bueno, sino para lo malo" (11:17).

Hebreos 10:25 dice: *"...no dejando de congregarnos, como algunos tienen por costumbre, sino exhortándonos unos a otros, y mucho más al ver que el día se acerca"*. La voluntad de Dios para nosotros es que nos congreguemos.

No obstante, si nos congregamos y tenemos discusiones, solamente construiremos una sinagoga de Satanás. Las discusiones no son de beneficio en absoluto; solamente son dañinas para el reino de Dios. Supongamos que diez personas están discutiendo por tres horas; esto significa que se han desperdiciado 30 horas. Si los trabajadores de menor rango discuten acerca de las directrices y órdenes de los superiores, solamente desperdiciarán su tiempo; así no se puede alcanzar el reino de Dios.

No debemos discutir, bajo ninguna circunstancia, y debemos terminar todo tipo de reunión cuanto antes para entonces invertir el resto de nuestro tiempo en beneficio del reino de Dios. Sin embargo, los miembros de la iglesia de Corinto no estaban haciendo esto; Pablo dice que no les era de beneficio, sino para mal.

> **"Pues, en primer lugar, oigo que cuando os reunís como iglesia hay divisiones entre vosotros; y en parte lo creo. Porque es necesario que entre vosotros haya bandos, a fin de que se manifiesten entre vosotros los que son aprobados" (11:18-19).**

Las divisiones surgen cuando la gente forma diferentes grupos y tienen disputas entre ellos. En la actualidad hay muchas iglesias que tienen sectarismos.

Pablo dice que él escuchó que existían divisiones en la iglesia de Corinto y que en parte lo creía; no lo comprobó por sí mismo, sino que simplemente escuchó al respecto, por lo que no podía creerlo en su totalidad.

Aquel que se lo informó podía haber transmitido un mensaje

erróneo o lo que dijo podía ser una mentira. Además no podía tener una visión completa de la situación con escuchar tan solo un lado de la historia. Pablo pensó que había divisiones, pero no tenía certeza plena de ello. Es por eso que dijo que "en parte" lo creía.

En el verso 19 leemos: "Porque es necesario que entre vosotros haya bandos, a fin de que se manifiesten entre vosotros los que son aprobados". Las divisiones se dan cuando la gente tiene ideas diferentes y forman grupos separados en medio del grupo general.

Pablo dice que se discernirá lo bueno de lo malo gracias a las divisiones, aunque esto no significa que Pablo está animando a que existan divisiones. Él simplemente quiere decir que el que está en lo correcto será aprobado después de las discusiones y debates entre las divisiones. Supongamos que dos personas tienen una discusión entre ellas. Desde el punto de vista de una tercera persona, esta puede ver cuál de las dos en realidad está en lo correcto. No obstante, debido a que ambas discutieron entre sí, ninguna actuó de modo apropiado ante los ojos de la Palabra de Dios.

Supongamos que una de las dos partes que están discutiendo simplemente decide permanecer en silencio mientras que la otra sigue discutiendo e insistiendo en que está en lo correcto. ¿Quién está en lo correcto, entonces? Antes de que se desarrollara la discusión, la gente no habría logrado distinguir cuál de las dos personas en realidad ama a Dios y confía en Él.

Gracias a la discusión y las acciones de cada persona, se puede descubrir que aquel que escoge permanecer en silencio ama a Dios y procura vivir en la verdad más que aquel que continuó discutiendo.

Puede ser muy sabio que apliquemos este tipo de verdad incluso cuando estamos haciendo negocios en el mundo. Claro está que los no creyentes no viven en la verdad, pero al ver sus palabras y obras, podemos discernir hasta cierto punto cuán apegados están a la verdad, es decir, cuán buenos y honestos son.

Supongamos que su propio subordinado en su empresa le miente de vez en cuando. Aunque no esté engañando en nada de lo que hace al momento, siempre tendrá la posibilidad de engañar o traicionar. Por esto, usted no podrá confiarle ningún trabajo importante. Si considera todas estas cosas al manejar los recursos humanos, no enfrentará problemas mayores.

Verdadero significado de la Santa Cena

> **"Por tanto, cuando os reunís, esto ya no es comer la cena del Señor, porque al comer, cada uno toma primero su propia cena; y uno pasa hambre y otro se embriaga"** (11:20-21).

Los creyentes de la iglesia primitiva partieron el pan y participaron de la Cena del Señor. ¿Cuál es la razón por la que nuestro Señor nos mandó que guardemos la Santa Cena?

El pan que comemos representa el cuerpo del Señor, y el vino es Su sangre. Cuando Jesús fue crucificado para salvarnos de nuestros pecados, Él derramó toda su agua y sangre de Su cuerpo. Él nos ordenó que guardemos la Santa Cena para que recordemos Su amor y gracia, y para que vivamos de acuerdo a Su voluntad.

Él quería decir que "cuando tomen, coman y beban la Santa Cena, entiendan por qué di Mi carne y sangre por ustedes, para que pudieran vivir en la Palabra de Dios y predicar el evangelio".

Hoy comemos el mismo pan y bebemos el mismo vino en la Santa Cena, pero aquellos creyentes llevaron su propio pan, carne y vino y comieron todo lo que desearon. No comían sus alimentos como acto de bondad; algunos incluso comían antes que otros porque tenían hambre. Los ricos comían en sus propias mesas y comían solo entre ellos.

Naturalmente, los conflictos surgieron y hubo divisiones entre los ricos y los pobres. ¿Nos mandó el Señor que celebremos la Santa Cena para crear disensiones y divisiones? Aquellas reuniones no eran correctas ante los ojos de Dios porque en ellas los ricos se saciaban mucho mientras que los pobres seguían con hambre.

"¿Qué? ¿No tenéis casas para comer y beber? ¿O menospreciáis la iglesia de Dios y avergonzáis a los que nada tienen? ¿Qué os diré? ¿Os alabaré? En esto no os alabaré" (11:22).

Debe establecerse un tiempo específico para celebrar la Santa Cena, pero en el tiempo de la iglesia de Corinto, no lo tenían. La gente simplemente comía y bebía cuando tenían hambre. Los ricos se alimentaban a sí mismos, lo que era igual a despreciar a los pobres. Esto era despreciar a la iglesia, hacer que los hermanos tropiecen y crear divisiones. Después de señalar estos actos, él les enseñó cosas espirituales según la Palabra de Dios.

Cuando señalamos los errores de otras personas y las

aconsejamos, lo debemos hacer con amor. No se ganará nada con solo señalar los errores de los demás. Una vez que se ha destacado ciertos asuntos, debemos plantar en la persona la Palabra de la verdad. De este modo, podrá comprender y, si tiene un buen corazón, reconocerá su falta y la corregirá.

"Porque yo recibí del Señor lo mismo que os he enseñado: que el Señor Jesús, la noche en que fue entregado, tomó pan, y después de dar gracias, lo partió y dijo: Esto es mi cuerpo que es para vosotros; haced esto en memoria de mí. De la misma manera tomó también la copa después de haber cenado, diciendo: Esta copa es el nuevo pacto en mi sangre; haced esto cuantas veces la bebáis en memoria de mí. Porque todas las veces que comáis este pan y bebáis esta copa, la muerte del Señor proclamáis hasta que El venga" (11:23-26).

El apóstol Pablo les dice que lo que les había hablado no eran sus propias palabras, sino lo que el Señor les había revelado. Jesús tomó la última cena con Sus discípulos la noche anterior a ser crucificado.

Juan 6:53 dice: *"Entonces Jesús les dijo: En verdad, en verdad os digo: si no coméis la carne del Hijo del Hombre y bebéis su sangre, no tenéis vida en vosotros"*. Tal como lo dijo Jesús en Juan 14:6 que dice: *"Yo soy el camino, y la verdad, y la vida"*, Él es la verdad, y la verdad es la Palabra de Dios.

La Biblia nos dice que tenemos vida eterna en nosotros solamente si comemos la carne y bebemos la sangre del Hijo del Hombre. Esto significa que debemos tomar la Palabra de Dios y ponerla en práctica para poder tener vida eterna. Esta es la razón por la que el Señor dio el pan que simboliza Su carne y la copa que simboliza Su sangre.

¿Cómo se supone que vamos a recordarlo las veces que lo bebamos?

Esto significa que debemos recordar al Señor que derramó Su sangre y nos redimió de los pecados y nos dio vida. Los pecados pueden ser perdonados y la vida se puede otorgar solamente cuando 'comemos la carne y bebemos la sangre del Señor'. Pablo nos dice que debemos recordar el significado espiritual de esto cada vez que tomemos parte de la Santa Cena.

Con el paso del tiempo, la mayoría de personas han olvidado la gracia recibida y las razones que tienen para dar las gracias. Jesús conoce bien este corazón del hombre, y es por eso que nos mandó que recordemos Su gracia y amor al comer el pan y beber el vino.

Al comer Su carne y beber Su sangre, no solamente estamos supuestos a ir por el camino de salvación, sino también a predicar el evangelio con diligencia para llevar muchas almas a la salvación. ¿De qué serviría comer y beber sin comprender estos significados?

"De manera que el que coma el pan o beba la copa

del Señor indignamente, será culpable del cuerpo y de la sangre del Señor. Por tanto, examínese cada uno a sí mismo, y entonces coma del pan y beba de la copa. Porque el que come y bebe sin discernir correctamente el cuerpo del Señor, come y bebe juicio para sí. Por esta razón hay muchos débiles y enfermos entre vosotros, y muchos duermen" (11:27-30).

Nadie debe tomar parte de la Santa Cena a la ligera, sin antes haber reflexionado y meditado. Si se tiene pecado, hay que arrepentirse y cambiar. Si no es posible hacerlo ese momento, no se debe participar. La razón por la que participamos de la Santa Cena es para comprender que, para que podamos vivir de acuerdo a la Palabra de Dios, Él dio a Su Hijo y permitió que Él derramara Su sangre y ofreciera Su cuerpo en la cruz. Si conocemos esto y aun así cometemos pecados y tomamos parte del santo pan y la santa copa, estamos despreciando a Dios.

Por lo tanto, primero debemos reflexionar en nuestro ser según la Palabra de Dios para ver si tenemos pecado o no. Si seguimos cometiendo pecados voluntariamente, no estaremos calificados en verdad para comer o beber. Solo podemos participar si pensamos que estamos calificados lo suficiente según el estándar de la verdad.

En el verso 29 dice: "Porque el que come y bebe sin discernir correctamente el cuerpo del Señor, come y bebe juicio para sí". Esto significa que si alguien que no está en verdad calificado para comer y beber lo hace de todas maneras, solamente le será contado como pecado ante el Señor.

En el verso 30 leemos: "Por esta razón hay muchos débiles y enfermos entre vosotros, y muchos duermen". En este caso, los débiles no son los que tienen enfermedades causadas por los gérmenes sino alguna forma de discapacidad, parálisis infantil o ceguera innata.

En este verso, 'dormir' significa estar espiritualmente ciego. Todos los creyentes deberían tener sus ojos espirituales abiertos para que puedan entender la voluntad de Dios cuando escuchan Su Palabra, al comunicarse con Él y escuchar la voz del Espíritu Santo.

Solamente entonces podremos aceptar la Palabra de Dios con gozo y sentiremos que es tan dulce como la miel. Sin embargo, aunque uno haya sido cristiano por varias décadas, si no se come la carne y se bebe la sangre del Señor, es decir, si no se guarda la Palabra de Dios sino que solo se va a la iglesia, significa que aún se está en la carne y 'dormido'.

Leemos: "Porque el que come y bebe sin discernir correctamente el cuerpo del Señor, come y bebe juicio para sí". En este caso debemos comprender que no se debilitaron o enfermaron porque no comieron adecuadamente la carne y bebieron la sangre del Señor.

¿De qué manera nos llega la enfermedad? Éxodo 15:26 dice: *"Si escuchas atentamente la voz del Señor tu Dios, y haces lo que es recto ante sus ojos, y escuchas sus mandamientos, y guardas todos sus estatutos, no te enviaré ninguna de las enfermedades que envié sobre los egipcios; porque yo, el Señor, soy tu sanador".*

Jesús sanó a un hombre que había estado enfermo por 38 años, y en Juan 5:14 le dijo: *"Mira, has sido sanado; no peques más, para que no te suceda algo peor".* Jesús le permitió saber que la enfermedad es causada por el pecado.

Cuando una persona no está calificada para tomar parte de la Santa Cena, significa que está viviendo en pecado, maldad e injusticia. Una persona se enferma o debilita porque no vive en la Palabra de Dios, y sigue siendo espiritualmente ciega.

"Pero si nos juzgáramos a nosotros mismos, no seríamos juzgados. Pero cuando somos juzgados, el Señor nos disciplina para que no seamos condenados con el mundo. Así que, hermanos míos, cuando os reunáis para comer, esperaos unos a otros. Si alguno tiene hambre, coma en su casa, para que no os reunáis para juicio. Los demás asuntos los arreglaré cuando vaya" (11:31-34).

Si nos juzgamos a nosotros mismos en base a la Palabra de Dios, naturalmente viviremos en la verdad y no seremos juzgados por Él. Cuando el enemigo diablo y Satanás nos acusa diciendo: "Eres un pecador. ¡Tú cometiste este pecado!" Dios puede protegernos porque esta acusación no es correcta.

No debemos ser juzgados ante Dios. Deberíamos hacer

que Dios diga: "Mis hijos e hijas amadas". Si tenemos algo por lo cual ser juzgados por los demás, entonces Satanás nos acusará ante Dios. Si es así, Dios no podrá evitar alejar Su rostro de nosotros de acuerdo a la ley del reino espiritual. Satanás provocará en nosotros enfermedades, pruebas y sufrimientos, haciendo de nosotros ciegos espirituales. Esto es 'ser juzgado ante Dios' al quebrantar la ley del reino espiritual.

No obstante, Dios permite que la acusación de Satanás tome lugar porque Él nos ama. En Hebreos 12:6-8 leemos: *"...porque el Señor al que ama, disciplina, y azota a todo el que recibe por hijo. Es para vuestra corrección que sufrís; Dios os trata como a hijos; porque ¿qué hijo hay a quien su padre no discipline? Pero si estáis sin disciplina, de la cual todos han sido hechos participantes, entonces sois hijos ilegítimos y no hijos verdaderos".*

Dios permite que el castigo tome lugar para que Sus hijos no hagan amistad con el mundo ni vayan por el camino de la destrucción. Si una persona que ama a Dios comete pecado, será castigada inmediatamente. Esta es una prueba de que Dios la ama.

En el verso 33 dice: "Así que, hermanos míos, cuando os reunáis para comer, esperaos unos a otros".

Pablo les anima a que, ahora que comprenden el verdadero significado espiritual de la Santa Cena, se reúnan y partan el pan juntos. Hoy solamente comemos y bebemos un poco porque es algo simbólico, pero en aquel entonces era diferente. Pablo dice que si alguno tiene demasiada hambre como para esperar a los demás, que debe comer en su casa.

Y dice también: "Los demás asuntos los arreglaré cuando vaya". Pablo no podía escribir con mayor detalle, por lo que les dijo que les haría saber más cuando fuera a visitarlos.

Capítulo 12

Varios dones del Espíritu Santo

— El Espíritu Santo nos permite conocer

al Señor Jesús

— Varios dones del Espíritu Santo

— Somos el Cuerpo de Cristo

— El orden dentro de la iglesia

El Espíritu Santo nos permite conocer al Señor Jesús

"En cuanto a los dones espirituales, no quiero, hermanos, que seáis ignorantes" (12:1).

Al dirigirse a los 'hermanos' se refiere a los hijos de Dios. Los 'dones espirituales' representan lo opuesto a las cosas de la carne que están en referencia al reino espiritual.

En calidad de seres humanos, solamente vivimos en el mundo tridimensional. El mundo de la cuarta dimensión es el reino espiritual y es un mundo eterno e inmutable que está bajo la directa soberanía de Dios. Claro está que el mundo tridimensional fue creado por Dios y Él lo dirige, pero Él es el Mayordomo del reino espiritual también.

Ahora, el apóstol Pablo dice que desea que todos los creyentes comprendan estas cosas espirituales. Estamos viviendo en el mundo tridimensional, pero al aceptar al Señor, nuestro espíritu muerto ha revivido y nos hemos convertido en hijos de Dios.

Nuestros nombres están inscritos en el Libro de la Vida y tenemos ciudadanía en el reino eterno de los Cielos. Por lo tanto, debemos conocer acerca del reino espiritual. Aunque es invisible, debemos creer que el mundo de la cuarta dimensión existe y sigue la ley del reino espiritual.

Dado que algunas personas no pueden comunicarse con Dios, estas aún viven en las limitaciones físicas del mundo tridimensional. No pueden recibir Sus respuestas y no tiene la capacidad de ver Sus obras a pesar de que dicen que creen. Por tanto, cuando hablamos acerca del mundo del espacio de la cuarta dimensión, estas personas tienen dudas y en realidad no creen.

Esta es la razón por la que encontramos en la Biblia que Jesús y Sus discípulos fueron perseguidos. Los fariseos, escribas y sacerdotes creían en Dios y seguían la Ley, pero no podían entender las cosas espirituales sino que solo creían en lo que podían ver ante ellos. Por ende, cuando presenciaban una manifestación del mundo de la cuarta dimensión, no les agradaba y perseguían a los que manifestaban tales cosas. Ya que el mundo actual está aún más lleno de maldad e injusticia, hay y habrá solo persecuciones más duras.

"Sabéis que cuando erais paganos, de una manera u otra erais arrastrados hacia los ídolos mudos" (12:2).

¿Qué tipo de vida vivía usted antes de aceptar a Jesucristo y recibir el Espíritu Santo? Algunos quizás digan que jamás adoraron ídolos, pero aun así, estas personas adoraron algo.

Algunos sirvieron a la gente, a sus esposos o mujeres, o incluso a sus hijos como si fueran ídolos. Otros no tuvieron interés en sus familias sino que adoraron la fama o el poder social como sus ídolos. Otros incluso adoraron la búsqueda de conocimiento o dinero como sus ídolos, y otros se adoraron a sí mismos como a un ídolo.

Claro está que hay personas que en realidad hacen imágenes con madera, rocas u oro y las adoran. Otras personas adoran al sol, la luna o las estrellas y hay quienes acuden a los hechiceros cada vez que se enferman, lo que demuestra que los demonios se han convertido en sus ídolos.

¿Acaso no es muy lamentable que la gente adore a ídolos como estos antes de llegar a conocer a Dios? Cuán ridículo es que la gente adore imágenes hechas y pintadas por el hombre, y que ante ellas diga cosas como: "Ayúdame a pasar el examen de ingreso...", o "Haz que mi negocio prospere...", o "Dame salud".

Cuando oramos con fe a Dios, a diferencia de estos ídolos, Él nos responde. Si guardamos el Día del Señor como un día santo y damos los diezmos, cosas que son básicas de la vida cristiana, Él nos protege de varios accidentes.

Si nos vemos involucrados en un accidente, debe haber una razón: posiblemente no hemos guardado el Día del Señor como un día santo, o no hemos dado nuestros diezmos. Dios no puede protegernos en estos casos. Podemos decir que nuestra vida es bendecida únicamente cuando tenemos esperanza por el reino celestial, cuando conocemos acerca del mundo espiritual y servimos al Dios Todopoderoso y no a ídolos que ni siquiera pueden hablar.

> **"Por tanto, os hago saber que nadie hablando por el Espíritu de Dios, dice: Jesús es anatema; y nadie puede decir: Jesús es el Señor, excepto por el Espíritu Santo"** (12:3).

Hemos escuchado acerca del camino de la cruz y así llegamos a saber que Jesucristo es el Salvador y le abrimos nuestro corazón. Luego Dios envió el Espíritu Santo a nuestro corazón, y el Espíritu da vida al espíritu. Es decir, con la ayuda del Espíritu Santo, nos damos cuenta de nuestros pecados y practicamos la rectitud.

Si vivimos nuestra vida cotidiana en estas obras del Espíritu Santo, ¿cómo podríamos decir que Jesús es anatema? ¿Cómo podríamos decir que Él es malo, malvado o que está equivocado?

Los que han recibido el Espíritu Santo no deben decir tales cosas. Anteriormente, cuando no creíamos en Jesucristo como nuestro Salvador, no lo llamábamos nuestro Señor. Algunos quizás lo decían con sus labios, pero no lo reconocían con el corazón. No obstante, los que han recibido el Espíritu Santo, reconocen el hecho de que Jesucristo es nuestro Salvador sin sentir ninguna resistencia al respecto en absoluto. Los que no han recibido el Espíritu Santo en realidad no pueden decir que Dios es el Padre, pero los que sí lo han recibido pueden llamarlo Padre porque Él es Aquel que ha dado vida a nuestro espíritu.

Varios dones del Espíritu Santo

"Ahora bien, hay diversidad de dones, pero el Espíritu es el mismo. Y hay diversidad de ministerios, pero el Señor es el mismo" (12:4-5).

En este caso, la palabra 'dones' se refiere a una obra especial que se hace en el amor de Dios. Es el don que nos es dado con la gracia de Dios y una de muchas cosas que toman lugar por medio de Su gracia. En este sentido, la obra de salvación, el hecho de recibir al Espíritu Santo y la sanidad divina, etc., son 'dones' de Dios. Recibir la respuesta a nuestras oraciones es también un don de Dios.

Entre los dones que Dios nos da, hay algunos que tienen designaciones específicas; estos son los dones de sabiduría, conocimiento, fe y el don de la sanidad divina.

Los dones son otorgados por obra del Espíritu Santo, por lo que uno puede obtenerlos solamente después de haber recibido al Espíritu Santo. Por lo tanto, si aquellos que vivieron en los tiempos del Antiguo Testamento no recibieron el Espíritu Santo, ¿cómo pudieron entonces manifestar el don de profecía? En el Antiguo Testamento, el Espíritu Santo no entró en el corazón de las personas. No obstante, pudieron profetizar cuando el Espíritu se movía desde lo externo y es por eso que no podían hacerlo todo el tiempo sino solo cuando eran conmovidos por el Espíritu.

Por otro lado, en los tiempos del Nuevo Testamento, siempre podemos comunicarnos con Dios si estamos llenos de la plenitud del Espíritu. Cuando estamos llenos del Espíritu, podemos recibir el don de las lenguas o de la sanidad divina.

Ministerios otorgados por el Señor

Los dones están en relación al Espíritu Santo, mientras que los ministerios están en relación con el Señor. Varios ministerios, tales como la posición de diáconos, ancianos y pastores, son otorgados por el Señor. Estos nos son dados para que podamos testificar de Jesucristo, llevar almas a la salvación y desarrollar el reino y la justicia de Dios. Los ministerios de maestros de escuela dominical o miembros del coro son reconocidos por el Señor, y son también importantes.

Hay una gran diferencia entre tener estas tareas y no tenerlas bajo nuestra diligencia, y tener el sentido de ser recompensado. Recibir una responsabilidad de parte de Dios es algo precioso. Sin embargo, si tratamos de cumplirla con un sentido de desgana o siendo forzados, entonces no podremos ser reconocidos en el reino de Dios en el futuro. Podemos recibir la recompensa celestial solamente cuando cumplimos con nuestras responsabilidades con gratitud, gozo y fe.

Hay muchos ministerios tales como el coro o los músicos que ejecutan varios instrumentos en el reino de los Cielos. A veces es difícil cumplir nuestras responsabilidades en este mundo, pero en el reino de los Cielos no será difícil en absoluto. Solamente será algo lleno de gozo y felicidad. Por tanto, si no nos esforzamos mucho por cumplir nuestra responsabilidad encargada por Dios porque sentimos que estamos ocupados en nuestros trabajos seculares, ¿qué recibiremos luego cuando estemos frente a Dios?

Cuando éramos niños pequeños, si nuestro maestro nos pedía que hagamos algo, nos sentíamos felices porque pensábamos que el maestro nos amaba y reconocía. ¡Cuán precioso será ser reconocido por Dios el Creador y trabajar para Él! Por lo tanto, si tenemos fe, debemos sentirnos agradecidos por nuestras labores y ministerio.

Además no debemos pensar en cierta posición o ministerio como algo que nos ha sido otorgado por el pastor o líder de grupo; debemos comprender que nos ha sido dado en el nombre del Señor gracias a Su dirección.

"Y hay diversidad de operaciones, pero es el mismo Dios el que hace todas las cosas en todos. Pero a cada uno se le da la manifestación del Espíritu para el bien

común" (12:6-7).

Las obras están en relación con Dios; Sus obras son diferentes en momentos distintos, y todo tipo de obras son controladas por Él.

Todas las obras son controladas por Dios, pero son hechas en el nombre de Jesucristo. Los ministerios son otorgados por el Señor, y son hechos por el poder del Espíritu Santo. En consecuencia, todas las cosas se hacen gracias a las obras del Dios Trino.

En el verso 7 leemos: "Pero a cada uno se le da la manifestación del Espíritu para el bien común". ¿De qué manera es buena para nosotros la manifestación del Espíritu? El Espíritu Santo viene a cada persona para plantar fe en ella y guiarla a abandonar el pecado y vivir en la verdad y justicia.

Además, no podríamos comprender la Palabra de Dios sin la ayuda del Espíritu Santo. Es por Su obra que aprendemos la voluntad de Dios y vamos por el camino que Él quiere que vayamos. También recibimos las respuestas a lo que pedimos y glorificamos a Dios, por ende, todas las obras del Espíritu Santo son buenas para nosotros.

"Pues a uno le es dada palabra de sabiduría por el Espíritu; a otro, palabra de conocimiento según el mismo Espíritu" (12:8).

En este caso, ¿a quién se refiere al decir "a uno"? Dios desea dar los dones a cada uno de nosotros, pero no puede hacerlo de manera indiscriminada; Él se los da a los que han preparado el vaso adecuado para recibirlos. En el capítulo 3 expliqué detalladamente acerca de la sabiduría. Hay muchos aspectos de la sabiduría, tales como la sabiduría en nuestra vida cotidiana, en nuestro corazón y la sabiduría para hacer nuestras labores.

Permítame darle un ejemplo para explicarle la 'palabra de sabiduría'. Algunas personas reúnen materiales reciclables y con ellos hacen cosas útiles. Este es un tipo de sabiduría en nuestra vida.

Cuando nos encargamos del dinero para los gastos domésticos, la calidad de vida será diferente dependiendo de nuestra sabiduría. Por ejemplo, hay personas con la misma cantidad de gastos de manutención y el mismo ingreso, pero algunos siempre tienen escases mientras que otros siempre tienen todo lo que necesitan e incluso pueden ahorrar algo de dinero.

Lo mismo sucede con la Palabra de Dios. Cada persona hace uso de la Palabra de Dios de maneras diferentes. Los que han recibido el don de la palabra de sabiduría pueden hacer uso de la Palabra de Dios cuando es más adecuado. Esto se debe a que no es el individuo quien está usando la Palabra de Dios, sino el Espíritu Santo.

El Espíritu Santo puede cambiar a los que son malvados e injustos para que sean mansos y de buen corazón según la Palabra de Dios. Él transforma a tales personas para que puedan alentar a los demás y dar gracias. Al plantar fe en ellos, Él los guía a vencer el mundo con esperanza del reino de los Cielos.

No obstante, no todos cambiarán. Cada persona tiene distinta tierra en el corazón; hay algunos cuya tierra es buena, la tierra de otros tiene espinos mientras que la de otros está mezclada con rocas, y hay otros cuya tierra es como aquella junto al camino. Así también, cada persona tiene habilidad mental distinta, o diferentes niveles de perseverancia. Así, incluso con la misma palabra, cada uno tiene una diferencia en la magnitud de los cambios que toman parte en su ser.

Algunos tienen una consciencia que parece haber sido sellada con hierro caliente y no cambian en absoluto. Judas Iscariote siguió a Jesús por tres años y aprendió la verdad, pero no cambió. Cuando el apóstol Pablo manifestó señales y prodigios, muchas personas lo siguieron y testificaron del Dios vivo. Por otro lado, muchos también traicionaron a Dios y regresaron al mundo. Las personas que han recibido el don de palabra de sabiduría rápidamente pueden transformar a aquellos con el potencial para cambiar.

Entonces, ¿cómo podemos recibir el don de palabra de sabiduría?

Santiago 3:17-18 dice: *"Pero la sabiduría de lo alto es primeramente pura, después pacífica, amable, condescendiente, llena de misericordia y de buenos frutos, sin vacilación, sin hipocresía. Y la semilla cuyo fruto es la justicia se siembra en paz por aquellos que hacen la paz"*.

Podemos recibir la sabiduría de Dios en la medida en que nos santifiquemos. No obstante, primero debemos ser puros, pacíficos, amables, condescendientes, sin vacilación y sin hipocresía ante los ojos de Dios. Produciremos el fruto de la bondad, paz, amabilidad y amor al comer la carne y beber la sangre del Señor. Recibiremos sabiduría de Dios en la medida en que vivimos en la verdad y nos santificamos. Cuando toda la Palabra de Dios sea cultivada en nosotros, recibiremos sabiduría de Dios sin límite. De esta manera recibiremos el don de palabra de sabiduría.

Tendremos gran poder si recibimos este don de palabra de sabiduría. Por ejemplo: cuando administramos un negocio, podemos prosperar poco a poco debido a que nuestra sabiduría será mucho mayor que la de otras personas y podremos hacer todo bien, incluyendo la instrucción a nuestros hijos, el establecimiento de paz en la familia, la evangelización y la predicación a amigos y vecinos.

La última parte del verso 8 dice: "...a otro, palabra de conocimiento según el mismo Espíritu". Según el Diccionario en línea de Merriam-Webster, el 'conocimiento' es 'el hecho o condición de conocer algo con pericia obtenida mediante experiencia o asociación'.

Los bebés recién nacidos no tienen conocimiento; ellos aprenden lo que ven y escuchan, y lo almacenan en sus células cerebrales durante su crecimiento. Todo el contenido almacenado forma el 'conocimiento'.

Gran parte de este tipo de conocimiento no es correcto. Muchos padres, por ejemplo, enseñan a sus hijos a golpear a los niños que los golpean. El don de la palabra de conocimiento en la Biblia implica comprender el significado espiritual de la Palabra de Dios, entender Su corazón y cultivarlo en nuestro corazón. Para que podamos equiparnos con la palabra de conocimiento, nuestros ojos espirituales deben mantenerse abiertos de modo que logremos comprender la Palabra, de lo contrario no entenderemos el significado verdadero sino únicamente el significado literal de la Palabra de Dios.

Los diáconos y obreros de la iglesia, por ejemplo, probablemente conocen el verso en 1 Tesalonicenses 5:16-18, que dice: *"Estad siempre gozosos; orad sin cesar; dad gracias en todo, porque esta es la voluntad de Dios para vosotros en Cristo Jesús"*. Sin embargo, en muchos casos simplemente lo conocen, pero eso es todo. Deben comprender el significado espiritual en los versos y apropiarse de ellos con todo el corazón porque solo así podrá convertirse en palabra de conocimiento. ¿De qué sirve únicamente saberlos de memoria?

Por otro lado, ¿qué tipo de acciones desarrollarán los que se han apropiado de estos versos en su corazón? Estos comprenden el significado espiritual del verso que dice "estad siempre gozosos", así que se regocijan aun en medio de persecuciones y pruebas y dan gracias frente a toda circunstancia en oración.

Podemos entrar en la dimensión espiritual si comprendemos la Palabra de Dios en lo espiritual y nos apropiamos de ella.

No obstante, si no cultivamos la palabra espiritual en nuestro ser, esta no estará seguida por obras. Esto significará que no podremos recibir las obras de Dios.

¿Por qué dice entonces que este es un tipo de don? Es porque no podemos comprender o apropiarnos de la palabra sin la ayuda del Espíritu Santo. Los que aman la Palabra de Dios y están llenos del Espíritu pueden recibir Su ayuda, de modo que sienten que los sermones son dulces como la miel, sin pensamientos ociosos ni somnolencia.

A medida que crece su fe, entenderán el corazón y la voluntad de Dios y actuarán en base a la ley del reino espiritual, de modo que siempre serán guiados al camino de la prosperidad, y el enemigo diablo y Satanás no podrá perturbarlos, sino que se alejará de ellos.

"...a otro, fe por el mismo Espíritu; a otro, dones de sanidad por el único Espíritu..." (12:9).

Algunas personas llegan a tener una fe muy firme poco después de escuchar de Dios. ¿Cómo podemos recibir este tipo de fe para creer inmediatamente? Como mencioné previamente, hay cuatro tipos distintos de 'tierra' del corazón: tierra buena, con espinos, con pedregales y la tierra que está junto al camino.

La tierra buena es aquel corazón bueno que no posee maldad. Los que tienen un buen corazón cambiarán sus palabras, además de sus hábitos, cuando comprendan que están en lo incorrecto a la luz de la Palabra de Dios. Si descubren que algo no es correcto en su ser, se despojarán de ello sin titubear, y seguirán su 'buena' consciencia.

Así también, cuando experimentan al Dios vivo y ven evidencias, aceptan a Dios de modo inmediato. Dios da el don de fe a aquellas personas.

¿Cómo pueden recibir el don de fe las personas que no tienen 'buena tierra'? La fe es otorgada por Dios. Uno no puede simplemente tenerla porque la desea. En Marcos 9:23, cuando Jesús dijo: *"'¿Cómo si tú puedes?' Todas las cosas son posibles para el que cree"*, el hombre que tenía un hijo poseído por un demonio, respondió: *"Creo; ayúdame en mi incredulidad"*.

En este caso, cuando él dijo "creo", significa que había escuchado acerca del poder de Jesús, la resucitación de muertos y el causar que los ciegos pudieran ver. No obstante, él no podía recibir lo que había pedido con fe que no era más que conocimiento. Esta no era la fe verdadera con la que podía creer con el corazón.

Uno puede recibir lo que pide solamente con fe espiritual, y esta fe es otorgada por Dios. Este hombre en realidad no podía creer con el corazón, por lo que le pidió a Jesús que le diera esta fe, y Jesús lo hizo.

Al igual que en este caso, hay dos clases de fe. Solamente con la fe que es conocimiento que se obtiene con inteligencia, una persona no puede alcanzar la salvación ni recibir respuestas a sus oraciones. No obstante, cuando esta fe como conocimiento se convierte en fe espiritual, entonces hay obras y acciones que provienen de este cambio. Solamente así una persona podrá realmente recibir salvación y las respuestas a su clamor.

¿De qué manera podemos obtener la fe espiritual que es otorgada por Dios?

Para poder poseer la fe que Dios otorga, debemos poner en acción la Palabra que conocemos. Debemos orar para recibir la llenura del Espíritu para despojarnos de las falsedades en nosotros y reemplazarlas con la verdad. Entonces podremos recibir fe espiritual de lo alto en la medida en que actuemos de acuerdo a la verdad. Para que esto suceda, el Espíritu Santo debe ayudarnos a comprender la verdad y a despojarnos de los pecados. Es por eso que dice: "...fe por el mismo Espíritu".

El pasaje continua diciendo: "...a otro, dones de sanidad por el único Espíritu". El don de sanidad consiste en sanar a través de la oración ciertas enfermedades que son causadas por algunos gérmenes. Aun algunas enfermedades graves se pueden curar cuando uno recibe la oración de parte de una persona que tiene el don de sanidad.

Cuando una persona comete un pecado pero se arrepiente de verdad y ora a Dios, Él tendrá misericordia y lo sanará. También en este tipo de caso, si recibe oración de parte de una persona que tiene el don de sanidad, podrá recibir sanidad con más rapidez.

Claro está que los casos son distintos de acuerdo al tipo

de enfermedad. Si uno está en la tercera etapa del cáncer, por ejemplo, quizás no reciba sanidad tan solo al recibir una oración. El cáncer posiblemente esté propagado por el cuerpo ya que la persona no ha vivido de acuerdo a la Palabra de Dios; ha hecho que su corazón tenga cada vez más maldad mientras edificaba un muro de pecado contra Dios, de modo que no es fácil para la persona aceptar la verdad. Después de buscar todos los tratamientos médicos posibles y de fracasar en ellos, finalmente llega a confiar en Dios. Este es el caso de la mayoría de personas.

Estas personas tiene un corazón endurecido; al escuchar la Palabra solo tienen dudas y no pueden comprenderla con facilidad. No obstante, si en verdad abren su corazón, se arrepienten y tienen fe, pueden ser sanadas con tan solo una oración, en solo una semana.

Asimismo, esto no significa que solo los que tienen el don de sanidad pueden sanar enfermedades mediante la oración. Las enfermedades se pueden sanar gracias a las oraciones de los justos (Santiago 5:16). Cuando muchas personas oran por un enfermo en medio de las obras del Espíritu Santo, este puede sanar, lo que se debe a que la oración de amor conmueve el corazón de Dios.

Además, si muestran una buena fe, Dios quizás demuestre Su obra. Si un líder de grupo, por ejemplo, ora por uno de los miembros del grupo celular, éste se va a recuperar. Esto es así porque Dios obra de acuerdo a nuestra fe; tal como está escrito, 'las cosas se harán de acuerdo a nuestra fe'.

No obstante, aunque una persona con el don de sanidad ore por un enfermo, su oración no funcionará si el enfermo no tiene fe. Cuando Jesús sanó al ciego, Él dijo: *"Conforme a vuestra fe os sea hecho"* (Mateo 9:29). Por lo tanto, no debemos llevar a una persona sin fe a que reciba la oración de un siervo de Dios que tiene el don de sanidad. Sin embargo, si tienen tan solo un poco de fe, Dios obrará en proporción a ella.

A veces Dios obra de manera especial por aquellos que no tienen fe. Estas personas se enfermaron debido a que no viven en la verdad y porque no conocen la verdad. Sin embargo, Dios las sanará si son del tipo de personas que pueden vivir una vida cristiana fiel, sin cambiar de parecer una vez que han experimentado el poder de Dios. Además, si alguien ora por la salvación de una persona enferma, Dios quizás la sane como respuesta a la oración.

Hay muchos casos distintos en la Biblia y nosotros debemos comprender y discernir entre los diferentes casos para que podamos dar los consejos y la dirección correcta. Cuando una persona recibe oración pero no mejora, el líder debe poder comprender la razón y guiar adecuadamente a la persona.

Para algunos la razón consiste en que deben arrepentirse por completo y derribar los muros de pecado que han levantado entre ellos y Dios. En estos casos, no serán sanados, ni siquiera tras muchas oraciones, a menos que se arrepientan de verdad. En el caso en el que los niños quizás se enfermen porque los padres poseen un corazón muy endurecido y han cometido muchos pecados, estos deben arrepentirse y cambiar de sus pecados.

"A otro, el hacer milagros; a otro, profecía…" (12:10).

El 'hacer milagros' comprende hacer algo que el hombre no puede hacer. Muchas personas tienen confusión para distinguir entre el don de sanidad y el acto de hacer milagros. El 'hacer milagros' está a un nivel superior que el don de sanidad.

Por ejemplo, se trata del don de sanidad cuando se sana tan solo a través de la oración las enfermedades, dolencias y males que por lo general pueden ser sanadas por medio de la medicina u otras formas de tratamiento médico. Por otro lado, se trata del acto de hacer milagros cuando alguna discapacidad innata, incurable para la medicina, es sanada o se restablece su función. Hacer milagros es también cuando las condiciones climáticas y los fenómenos atmosféricos se alteran o cambian gracias a la oración.

Una vez que recibimos el don de hacer milagros, podemos cambiar el carácter y la personalidad de la gente. Por lo general se dice que no podemos cambiar nuestro carácter fundamental, pero todo es posible gracias al poder de Dios.

Moisés tenía mal carácter, pero mediante los 40 años de refinamiento, él se convirtió en *"un hombre muy humilde, más que cualquier otro hombre sobre la faz de la tierra"* (Números 12:3).

Juan solía ser llamado el 'hijo del trueno', pero cambió y llegó a ser conocido como el 'apóstol del amor'. El mal carácter de Pablo también cambió y se convirtió en una persona muy amable, al punto de agradecer y regocijarse incluso frente a las persecuciones. Una vez que recibimos el poder hacer milagros, podemos cambiar nuestro carácter y también el de otras personas. Además podemos sanar enfermedades incurables e incluso cambiar las condiciones climáticas.

El don de hacer milagros se otorga solamente a los correctos ante los ojos de Dios. Cuando alcanzamos el nivel de fe en el que demostramos nuestro amor por Dios en grado sumo, comenzamos a orar para sumergirnos en un nivel aún más profundo, que es aquel en el que agradamos a Dios en todo. Oramos fervientemente para salvar a innumerables almas y recibir el poder de Dios. Cuando se almacenan estas oraciones, podemos manifestar cosas sorprendentes que el hombre no puede hacer.

El don de profecía consiste en hablar acerca del futuro mediante la inspiración del Espíritu Santo. La razón por la que Dios da el don de profecía es para edificación, exhortación y consolación (1 Corintios 14:3). Por ejemplo, es decir algo así: "Si haces esto, cierto tipo de cosa ocurrirá".

La profecía se da solo cuando es absolutamente necesaria en la voluntad de Dios mediante la inspiración del Espíritu Santo. Quizás escuchemos a menudo acerca de alguien que declara haber recibido el don de profecía, pero que en realidad no es así. ¿Cómo podremos saber si en realidad es verdad?

Si mientras está profetizando dice: "Usted debe hacer esto, y usted debe hacer aquello", entonces es muy probable que se trate de un falso don de profecía. Dios no obra de maneras similares a las que usa un adivino. Algunas personas que quieren jactarse de sí mismas fingen estar profetizando y causan que los demás tropiecen. Por lo tanto, deben discernir bien las cosas.

¿Por qué la gente se confunde respecto a la profecía?

Hay una medida del Espíritu Santo que no es una profecía. A veces la gente puede leer la mente de los demás con la ayuda del Espíritu Santo, y piensan que eso es profecía.

Supongamos que una persona lee la mente de otra gracias a la inspiración del Espíritu Santo, y le dice a la persona: "Debe orar más. Usted tiene cierto nerviosismo. No debe estar triste, sino que debe regocijarse siempre". Esto no es profecía.

Claro que recibir una palabra mediante la inspiración del Espíritu Santo es algo bueno para aquella persona, pero tanto el individuo que la transmite como el que la escucha, no debe pensar que se trata de una profecía.

Por otro lado, si usted en realidad no está firme en la verdad ni se ha santificado, no debe dar consejos a los demás, ni siquiera aunque se dedique mucho a la oración. Esto se debe a que usted todavía no escucha la voz del Espíritu Santo con suficiente claridad, y en realidad no puede prever si el oyente tropezará o no después de escuchar el consejo que usted le ofrecerá.

Es natural que una persona que ora mucho y que está en la gracia de Dios reciba la inspiración y escuche la voz del Espíritu Santo. Sin embargo, si todavía tiene una viga en su ojo, no está calificado para dar consejos a los demás. Si nosotros señalamos la paja en los ojos de los demás mientras poseemos nuestras propias vigas, surgirán las obras de Satanás.

La profecía no surge en nuestros pensamientos. Cuando Dios da una profecía, Él mueve tanto la lengua como el corazón de la persona, quien sentirá que está flotando por el cielo y ni siquiera tiene cuerpo. Ni siquiera sabrá lo que dice ya que estará llena de la inspiración del Espíritu Santo. ¡Esto es profecía!

Cuando uno está lleno del Espíritu en oración, la lengua puede temblar, pero las palabras que salen en medio de una situación no son profecías.

Si durante su oración, mientras está llena del Espíritu, habla una persona que no tiene los frutos del Espíritu como la perseverancia, el dominio propio y la amabilidad, y si tampoco vive plenamente en la verdad, no podemos decir que la palabra hablada es una profecía. Algunos erróneamente piensan que están profetizando cuando varias palabras surgen de repente en sus mentes mientras están orando.

La profecía es un don que otorga a los que obedecen la Palabra de Dios, que no tienen ninguna forma de maldad y que se santifican por completo a través de la oración extensa. Este tipo de persona obedece a Dios en todo tiempo y es pura de corazón; no tiene engaño ni injusticia en su boca.

Por consiguiente, es difícil en extremo encontrar a un profeta verdadero en estos tiempos que están llenos de pecado. Hay muchos casos en los que se da una forma falsa de profecía proveniente de los propios pensamientos o de las obras de Satanás, y por eso debemos tener mucho cuidado al discernir.

"...a otro, discernimiento de espíritus; a otro, diversas clases de lenguas, y a otro, interpretación de lenguas..." (12:10).

El 'discernimiento de espíritus' consiste en el 'conocimiento de la voluntad de Dios'. Comprenderemos la ley del reino espiritual cuando conozcamos la voluntad de Dios. Hay una ley en el reino de Dios, y para comprenderla tenemos que obedecer la Palabra por completo. Los que obedecen los mandamientos de Dios, incluso hasta el valle de tinieblas, pueden recibir la habilidad para distinguir los espíritus.

No podemos hacer la distinción por nuestra cuenta. Solamente lo logramos cuando somos guiados por el Espíritu de Dios. Podemos recibir el don de la distinción de espíritus cuando obedecemos por completo a Dios.

Cuando nos sumergimos en el nivel completo del discernimiento de espíritu, podemos distinguir lo que es espiritual y lo que es carnal. Además podremos reconocer la voz del Espíritu Santo, nuestros propios pensamientos, lo bueno y lo malo, y la verdad y la falsedad.

Si tenemos el don de discernimiento de espíritus, quizás incluso podamos notar algo como una niebla oscura alrededor de las personas que están en contacto con los espíritus malignos o que están aceptando sus obras perturbadoras. También podremos sentirlo a través de los rostros y ojos de las personas.

Para recibir el don del discernimiento de espíritus, como dije anteriormente, debemos obedecer la Palabra de Dios por completo. Si lo hacemos, podremos escuchar claramente la voz del Espíritu Santo, y podremos seguir Su voluntad. Entonces podremos diferenciar los espíritus con el poder de Dios.

Sin embargo, no debemos pensar erróneamente que estamos obedeciendo, cuando en realidad no lo estamos haciendo. Para obedecer a Dios por completo debemos bloquear nuestros propios pensamientos. Es decir, debemos derribar nuestras propias teorías e ideas.

En 2 Corintios 10:3-6 leemos: *"Pues aunque andamos en la carne, no luchamos según la carne; porque las armas de nuestra contienda no son carnales, sino poderosas en Dios para la destrucción de fortalezas; destruyendo especulaciones y todo razonamiento altivo que se levanta contra el conocimiento de Dios, y poniendo todo pensamiento en cautiverio a la obediencia de Cristo, y estando preparados para castigar toda desobediencia cuando vuestra obediencia sea completa"*.

En este caso, la 'contienda' consiste en una lucha espiritual. Para obtener la victoria en esta contienda espiritual, debemos derribar toda teoría que creemos como verdadera y también hay que despojarse de la arrogancia, que es algo que Dios aborrece. Si entonces obedecemos la Palabra de Dios totalmente, el campo del enemigo diablo y Satanás se romperá y Dios nos llevará a prosperidad. La razón por la que no podemos discernir los espíritus, aunque pensemos que conocemos la verdad, aunque oremos mucho y tengamos fe, se debe a que nos ponemos a nosotros mismos por encima de Dios sin derribar nuestros propios pensamientos y teorías.

El siguiente don es el de hablar en otras lenguas según el Espíritu Santo. Cada persona tiene 'lenguas' diferentes respecto al don de lenguas. Muchas personas oran en lenguas que suenan como varios idiomas, por eso el pasaje habla de 'varios tipos de lenguas'. A medida que nos mantenemos orando en lenguas, podemos ver que también nos sumergimos en un nivel más profundo. El hecho de que la lengua cambie es también una señal de que hemos ascendido de nivel en el espíritu.

Cualquiera que haya recibido al Espíritu Santo puede orar en lenguas, pero a veces no lograremos hacerlo ni siquiera después de haber recibido al Espíritu Santo. Un ejemplo posible puede ser una persona que es introvertida a la que no le agrada orar en voz alta cuando hay otras personas a su alrededor.

Dios anhela que Sus hijos que han recibido el Espíritu Santo estén siempre alertas y que oren para que reciban la llenura del Espíritu. Si tenemos la llenura del Espíritu, naturalmente hablaremos en lenguas. Quizás la recibamos durante una reunión de oración o al orar de modo individual.

Así también, a veces el don de las diversas lenguas y el don de profecía se presentan juntos. En la Biblia vemos algunos relatos en los que hablan en lenguas y profetizan al mismo tiempo. Este es un tipo de caso con el cual Dios se complace mucho (Hechos 19:6). No es muy fácil recibir el don de profecía, pero el don de lenguas es muy útil en nuestra vida diaria de oración, y se lo recibe con facilidad.

Hablar en lenguas es algo muy beneficioso. En primer lugar logramos orar mejor; nuestros ojos espirituales se abren cuando oramos mucho en lenguas. Esto significa que entenderemos bien la Palabra y creceremos en espíritu porque estaremos llenos del Espíritu.

A medida que absorbemos la Palabra de Dios estando llenos del Espíritu gracias a que hablamos en lenguas, nuestros ojos espirituales se abrirán con más facilidad para comprender la Palabra.

Nosotros no conocemos nuestro futuro; ni siquiera conocemos lo que sucederá varias horas más adelante, pero el espíritu en nosotros sí lo conoce. Dado que nuestro espíritu conoce el posible peligro o problema que puede estar delante de nosotros, orará a Dios.

Con la inspiración del Espíritu Santo, nuestro espíritu clamará a Dios, así: "Cierto peligro yace por delante; no permitas que suceda". Dios aceptará esta oración, dará una salida a la persona y hará que todo obre para bien. Incluso podemos alejar las persecuciones y pruebas si oramos en lenguas.

Dado que es nuestro espíritu el que ora, de manera natural llegamos a orar por las cosas que son más importantes para nosotros. Claro está que lo más importante no son las cosas materiales, sino las espirituales. Si usted tiene mal carácter, el espíritu clamará para que se despoje de él y Dios le ayudará a abstenerse del mal carácter. De igual modo, nuestro espíritu ora por aquello que más necesitamos, y podemos recibir una respuesta con rapidez.

El enemigo diablo y Satanás no puede entender esta oración del espíritu, que consiste en orar en lenguas, así que no puede interferir con la oración. A menos que recibamos el don de interpretación de lenguas, no entenderemos la oración en lenguas; solamente nuestro espíritu y Dios la pueden comprender.

Una vez que el enemigo diablo llegue a conocer nuestro corazón, intentará perturbarnos. Una persona que no guarda el Día del Señor, por ejemplo, decide asistir a la iglesia al siguiente domingo. Entonces el diablo intentará causar que se organice un encuentro o una reunión de trabajo para que no pueda asistir a la iglesia según lo que había pensado.

Cuando un problema o peligro yace delante de nosotros y oramos en lenguas, el enemigo diablo no puede entender, y por ende, no puede perturbar. Dios escuchará nuestra oración y nos dará una salida.

Al orar en lenguas podemos sumergirnos en niveles más profundos del reino espiritual; podemos orar mejor y ser llenos con el espíritu incluso más, y por eso es muy útil que recibamos poder. Los que manifiestan el poder de Dios, necesariamente oran en lenguas. Es imposible estar en ese nivel sin hablar en lenguas ya que no es fácil hacer descender el poder de Dios desde lo alto. Hablar en lenguas es algo beneficioso de varias maneras, y Dios quiere dar este don a todos.

"...y a otro, interpretación de lenguas. Pero todas estas cosas las hace uno y el mismo Espíritu, distribuyendo individualmente a cada uno según la voluntad de El" **(12:10-11).**

El don de interpretación consiste en interpretar las lenguas mediante la llenura y la inspiración del Espíritu Santo. No obstante, algunos piensan equivocadamente que algo es interpretación, cuando en realidad no lo es. Mientras oran en lenguas, por ejemplo, si comienzan a orar en lenguaje común, piensan que están interpretando las lenguas.

Pero ese no es el caso. A veces quizás lo hagamos cuando estemos en la profundidad de la oración en lenguas. Cuando una persona se ha sumergido en un nivel de oración muy profundo, incluso al punto de cantar en otras lenguas, puede ser tan inspirada por el Espíritu que puede comenzar a orar en su propio idioma por las cosas que jamás imaginó. Sin embargo, esta es una oración desde lo profundo del corazón, y no una interpretación de lenguas.

La interpretación de lenguas no se otorga fácilmente. Se lo da a una persona que se ha sumergido en un nivel de santificación o alguien quien tiene que recibirlo absolutamente según la Providencia especial de Dios. Para poder recibir el don de profecía o de interpretación de lenguas, uno debe tener la habilidad de controlar sus pensamientos.

Esto se debe a que, si no se puede controlar los pensamientos propios, estos quizás se mezclen con los otorgados por Dios. En especial, Dios no otorga aquel don a aquellos que no viven en la verdad. Si Él lo permitiera, estos recibirían las obras de Satanás.

Entre los distintos dones, hay algunos que se otorgan a todos, así como otros que se otorgan solo cuando es necesario. La palabra de sabiduría, conocimiento, fe, el discernimiento de espíritus y el hablar en varias lenguas se otorgan a cualquiera que esté listo.

Mientras más dones del Espíritu recibamos, más poder tendremos y más lograremos comunicarnos con Dios. Nosotros debemos pedir según sea necesario, pero con la inspiración del Espíritu Santo. A veces hay problemas porque la gente no tiene el conocimiento adecuado acerca de los dones del Espíritu. Por ende, debemos anhelar recibir dones pero teniendo claro entendimiento y la oración apropiada para que podamos llevar a cabo el reino y la justicia de Dios de manera hermosa.

Somos el Cuerpo de Cristo

"Porque así como el cuerpo es uno, y tiene muchos miembros, pero todos los miembros del cuerpo, aunque son muchos, constituyen un solo cuerpo, así también es Cristo. Pues por un mismo Espíritu todos fuimos bautizados en un solo cuerpo, ya judíos o griegos, ya esclavos o libres, y a todos se nos dio a beber del mismo Espíritu" (12:12-13).

Hay muchas partes en el cuerpo, como los ojos, nariz, boca, manos y pies; son muchas partes, pero todas forman un mismo cuerpo. ¡Lo mismo sucede en Cristo! El Señor es la vid, nosotros los sarmientos; todos somos uno (Juan 15:5).

¿Por qué se registró algo así en la Biblia? Fue para explicar acerca de los nueve frutos del Espíritu Santo. Nosotros tenemos un cuerpo, pero las diferentes partes forman un mismo cuerpo. El Espíritu Santo es uno, pero hay nueve frutos que son los diferentes dones del Espíritu Santo y todos estos son uno en el mismo Espíritu Santo. Todos los nueve frutos provienen de un Espíritu Santo y todos nosotros somos uno en Cristo.

Los judíos son los elegidos de Dios. No obstante, el sentido actual del término 'judío' se refiere a los creyentes. De este modo, en un sentido espiritual, todos los creyentes son sinónimo de 'ser judíos' como los elegidos. Los griegos son los gentiles. Los gentiles son los que no conocían a Dios, así que, en un sentido actual, se refiere a los no creyentes.

Por ende, "ya judíos o griegos, ya esclavos o libres", se refiere a todos, sean creyentes o no creyentes, ricos o pobres, con poder y riqueza social o sin ello. Aun los gentiles no creyentes, cuando escuchan el evangelio y abren su corazón, y cuando reciben el bautismo del Espíritu Santo, se convierten en uno en el cuerpo de Cristo. Por consiguiente, en Cristo nadie es más ni menos noble que los demás; todos somos los mismos hijos de Dios y hermanos en Cristo.

Una vez que recibimos el Espíritu Santo, podemos entender la Palabra de Dios, renunciar al pecado y vivir en rectitud. Beber del mismo Espíritu es abandonar el pecado al comer la carne y beber la sangre del Señor.

"Porque el cuerpo no es un solo miembro, sino muchos. Si el pie dijera: Porque no soy mano, no soy parte del cuerpo, no por eso deja de ser parte del cuerpo. Y si el oído dijera: Porque no soy ojo, no soy parte del cuerpo, no por eso deja de ser parte del cuerpo. Si todo el cuerpo fuera ojo, ¿qué sería del oído?

Si todo fuera oído, ¿qué sería del olfato?" (12:14-17)

Nosotros tenemos muchas partes en nuestro cuerpo. ¿Qué pasaría si a los pies les fuera posible pensar: "Las manos pueden saludar y tomar otras manos, y pueden hacer todo lo que desean, pero nosotros no podemos, y tampoco somos tan útiles como las manos. Parece que no estamos adjuntos como partes reales de este cuerpo"? No obstante, los pies también están adjuntos al mismo cuerpo.

Lo mismo sucede con los oídos. ¿Qué pasaría si los oídos llegan a pensar: "Los ojos pueden ver películas y flores hermosas y el dueño los ama y cuida mucho, pero no lo hace con nosotros. Tampoco nos sentimos como parte de este cuerpo". Sin embargo, también son parte del mismo cuerpo.

Si el cuerpo entero fueran los ojos, no podría escuchar; lograría ver una película, pero no escucharla. O si todo el cuerpo fuera oídos, no podría ver ni oler, y jamás podría sentir la deliciosa fragancia de las flores.

"Ahora bien, Dios ha colocado a cada uno de los miembros en el cuerpo según le agradó. Y si todos fueran un solo miembro, ¿qué sería del cuerpo? Sin embargo, hay muchos miembros, pero un solo cuerpo" (12:18-20).

Dios creó los Cielos y la Tierra y todo lo que hay en ellos con Su Palabra. Nada ha evolucionado en lo que ahora existe por coincidencia o al azar. Dios lo creo todo con Su sabiduría, y todas las partes del cuerpo están ubicadas en el lugar más adecuado. Los ojos, nariz, boca y oídos están ubicados en el lugar más apropiado con equilibrio perfecto.

El pasaje anterior dice que Dios ha colocado a los miembros según le agradó. Cuando Él creó a Adán, lo hizo de la mejor manera; lo óptimo era que Adán tuviera dos ojos y dos oídos y una boca.

Sin embargo, todo esto concierne al sentido literal. Observemos ahora el sentido espiritual del verso.

Jesús estableció la iglesia al derramar Su sangre. Por consiguiente, la cabeza de la iglesia es Jesucristo, y Dios es el Mayordomo. El Espíritu Santo también obra en el cuerpo de Cristo para cumplir el reino y la justicia de Dios por medio de los nueve dones del Espíritu Santo. Por esto es que hay muchas posiciones y tareas en la iglesia.

Como está escrito en el verso 5, hay un orden en la iglesia con muchas posiciones, tales como los pastores, ancianos, diaconisas principales, diáconos, etc. También existen tareas tales como la de líder de célula, líder de grupo pequeño, miembro del coro, maestro de Escuela Dominical, y así por el estilo.

El cuerpo de Cristo es uno solo, pero hay muchas partes y estas llevan a cabo el reino y la justicia de Dios. Así como hay muchas partes que forman un mismo cuerpo, hay muchas partes que forman una misma iglesia que es el cuerpo de Cristo.

Todas las tareas son importantes. No debemos pensar que aquellos que trabajan voluntariamente en los comedores, por ejemplo, no son importantes solo porque no son conocidos para los demás. Un reloj funcionará bien solo si cada una de sus partes trabaja adecuadamente. No existe una parte que sea insignificante, sea esta grande o pequeña. De modo similar podemos pensar, desde el punto de vista de un hombre, que cierta labor es mayor que otra, pero ante los ojos de Dios, todas las tareas son importantes.

En el mismo sentido, todos los nueve dones del Espíritu Santo son importantes para el reino y la justicia de Dios. No podemos decir que el don de hablar en lenguas, por ejemplo, no es importante solo porque muchas personas lo reciben. Es muy importante porque podemos orar fervientemente y sumergirnos en un nivel espiritual en el que tendremos los ojos espirituales abiertos y recibiremos poder.

Si no tenemos el don de la palabra de conocimiento, entonces podemos entender la Palabra solo de modo literal. Finalmente podemos llegar a ser como la paja que solo tiene el conocimiento de la salvación por un sentido de inteligencia, pero no recibe la salvación. No podemos recibir salvación sin fe, y por eso el don de la fe es muy importante.

Con el don de sanidad podemos plantar fe en los demás; con el don de hacer milagros podemos ayudar a la gente que tiene dudas a creer en el Dios vivo. Podemos prepararnos para las cosas futuras a través de la profecía, y así podemos vivir en la verdad. Necesitamos el discernimiento de espíritus, porque sin él, quizás seamos engañados y vayamos por el camino de destrucción.

Si hablamos en lenguas, pero sin su interpretación, no sabremos lo que estamos orando, y quizás ni siquiera nos interese saber. Entendemos la importancia del don de hablar en lenguas a través de su interpretación, y es por eso que la gente desea recibir ese don esforzándose en su fe. Por consiguiente, ninguno de los nueve dones del Espíritu Santo es insignificante o más o menos importante que los demás.

"Y el ojo no puede decir a la mano: No te necesito; ni tampoco la cabeza a los pies: No os necesito" (12:21).

Nuestros ojos reciben relativamente mayor cuidado que cualquier otra parte del cuerpo. Sin embargo, estos no se pueden tornar arrogantes ni pueden decir a las manos: "No te necesitamos". Si el polvo entra a los ojos, son las manos las que pueden ayudar en esa situación. También podemos adornar nuestros ojos de modo hermoso usando nuestras manos. Así también, sin los ojos, las manos no podrían hacer nada con libertad. Los ojos y las manos son importantes y se ayudan mutuamente.

La cabeza tampoco podría decir que los pies son despreciables solo porque en ella está el conocimiento y de ella proviene la sabiduría. Si los pies no se movieran, la cabeza tendría que estar quieta como un poste de luz. Los pies no servirían de nada sin la cabeza, y por eso, ambos son importantes.

Lo mismo sucede con los obreros de la iglesia quienes deben colaborar unos con otros en sus posiciones al igual que una máquina que está bien engrasada. Si no está bien engrasada, es decir, si existe fricción por causa de la desobediencia, cada miembro sufrirá y la obra no se realizará. Podemos llevar a cabo el reino y la justicia de Dios solo cuando obedecemos por completo según el orden y cuando todo se da sin dificultades.

"Por el contrario, la verdad es que los miembros del cuerpo que parecen ser los más débiles, son los más necesarios; y las partes del cuerpo que estimamos menos honrosas, a éstas las vestimos con más honra; de manera que las partes que consideramos más íntimas, reciben un trato más honroso, ya que nuestras partes presentables no lo necesitan. Mas así formó Dios el cuerpo, dando mayor honra a la parte que carecía de ella, a fin de que en el cuerpo no haya división, sino que los miembros tengan el mismo cuidado unos por otros. Y si un miembro sufre, todos los miembros sufren con él; y si un miembro es honrado, todos los miembros se regocijan con él. Ahora bien, vosotros sois el cuerpo de Cristo, y cada uno individualmente un miembro de él" (12:22-27).

Entre las partes del cuerpo, la nariz puede parecer

relativamente menos limpia que otras partes. De hecho, la parte interna de la nariz no es limpia. Sin embargo, ¿Podemos decirle a la nariz que es sucia y menos honrosa? Nosotros logramos vivir gracias a que respiramos por la nariz. Podemos comprender su importancia cada vez que se congestiona con algo, por ejemplo con un resfriado.

El pelo de la nariz puede parecer insignificante, pero este filtra el polvo que ingresa en el cuerpo para que podamos mantenernos saludables. Incluso algo tan pequeño se creó para desarrollar una labor tan importante. Dios dio honor a las partes del cuerpo menos presentables; ¿cómo podríamos ignorarlas?

¿Por qué dice esto el pasaje? Para el espíritu, que es nuestro mayordomo, todas las partes, incluyendo manos, ojos, oídos y cabeza, son importantes. De igual manera, ante los ojos de Dios, todas las labores en la iglesia son importantes. Dios usa labores poco llamativas para propósitos nobles. Él permite que consideremos cada tarea y posición en la iglesia como preciosa para que no exista conflicto.

Cuando pellizcamos nuestras manos, todo el cuerpo sufre. Si nos falta una mano, ¿estará feliz por ello la otra mano? ¡Esto es algo muy desgarrador! Todas las partes están adjuntas al cuerpo y se necesitan mutuamente, y de igual manera, es natural que todos en la iglesia se amen mutuamente. Lo mismo sucede en las familias, comunidades y negocios.

Si cierto miembro de un grupo celular tiene un avivamiento y el número de sus miembros aumenta, todos los demás grupos celulares se regocijarán juntos. Esto se debe a que algo de esta índole es de beneficio para su propio cuerpo, el cuerpo de Cristo. Por el contrario, si se sienten celosos y se aborrecen entre sí, significa que sus cuerpos están dañados y rotos. Cuando esto sucede, debemos arreglar este problema rápidamente.

La sabiduría de Pablo fue sobresaliente porque provenía de las obras del Espíritu Santo. Él estabilizó la iglesia de modo que los miembros comprendieron la voluntad de Dios y no se tornaron celosos unos de otros. Además les enseñó las posiciones de los diferentes rangos según la voluntad de Dios de modo que pudieran trabajar en ese orden. Él explicó que el reino y la justicia de Dios se podían llevar a cabo solo si se mantenía ese orden.

No podemos decir: "Si somos iguales en Cristo, ¿entonces por qué debo obedecer a otra persona?" ¡Si la mano derecha hace la mayor parte del trabajo, la mano izquierda no debe sentirse celosa! Deben regocijarse y trabajar juntos para hacer que todo obre para bien. Este es el orden que se debe mantener. Es por eso que el primero en la iglesia es el apóstol, el segundo es el profeta, el tercero es el maestro, y luego están los que hacen milagros, que tiene el don de sanidad, y así por el estilo.

El orden en la iglesia

"Y en la iglesia, Dios ha designado: primeramente, apóstoles; en segundo lugar, profetas; en tercer lugar, maestros; luego, milagros; después, dones de sanidad, ayudas, administraciones, diversas clases de lenguas" (12:28).

Este tipo de orden no ha sido establecido por el hombre, sino por Dios. Un apóstol, como ya se explicó antes, es un siervo reconocido por Dios y totalmente dedicado a Él. No tiene opiniones propias sino que solamente obedece la voluntad de Dios en todo tiempo.

Obedece incluso al punto de sacrificar su vida para cumplir su tarea por completo, al igual que el Señor quien vino a este mundo en forma de siervo y sacrificó Su vida de acuerdo a la voluntad de Dios. Por lo tanto, un apóstol tendrá las cualidades para entrar en la ciudad de la Nueva Jerusalén donde está el trono de Dios.

En el segundo lugar del orden están los profetas. En este caso, los profetas son aquellos llamados por la voluntad de Dios. Dios se complace con los siervos a los que Él ha llamado. Además se complace con los que, por voluntad propia, se convierten en Sus siervos a fin de rescatar a las almas que están muriendo.

Los siervos que son llamados por Dios serán capacitados por Él mismo, lo que se debe a que Él conoce de qué manera cambiará una persona luego de pasar por una prueba de refinamiento. Dios mismo refinará a los profetas, así como a los apóstoles, para hacerlos instrumentos aptos para Él.

Tales siervos tratarán de santificarse mientras cumplen con la obra de Dios. No se trata solamente de pastores, sino también de miembros laicos. Los creyentes laicos que son aptos en verdad ante los ojos de Dios, diligentemente se abstienen del pecado para santificarse, cambian su corazón en tierra buena, y cumplen con el reino de Dios.

Por ejemplo: mientras los miembros de un grupo en la iglesia simplemente tienen conversaciones casuales y se divierten en sus reuniones, otros miembros de otro grupo tratan de cumplir con el reino de Dios por medio de la predicación del evangelio, el cuidado a otros miembros, el ayuno y la oración. Si uno trata de extender el reino de Dios de este modo, Dios puede ponerlo en posiciones tan altas como la de profeta.

En tercer lugar están los maestros. Dios coloca a los maestros en posiciones altas. Ciertamente debe haber un maestro en la iglesia porque la fe proviene del escuchar la Palabra. Los miembros de la iglesia pueden escuchar y entender la verdad e ir por el camino de vida solo cuando hay maestros. No obstante, no todos los maestros son verdaderos maestros. Los maestros verdaderos se esfuerzan al máximo, aun si es solo por una persona.

En cuarto lugar están los milagros. Podemos mostrar al Dios vivo por medio de los milagros. Aunque enseñemos con diligencia la Palabra de Dios, no será realmente útil a menos que mostremos evidencias del Dios vivo. Muchas personas intentarán guardar en su mente la Palabra que escuchan y ponerla en práctica solamente después de ver los milagros que siguen a la enseñanza.

Luego están los dones de sanidad. Es más fácil recibir los dones de sanidad que el don de hacer milagros. Damos gloria a Dios y hacemos que la fe de otros crezca cuando sanamos sus enfermedades.

También es importante ayudarnos unos a otros. Podemos ayudarnos mutuamente con oración y consejos; podemos animarnos y consolarnos, o ayudar de manera económica. Podemos servir a los demás y sacrificarnos a nosotros mismos para emanar la fragancia de Cristo en el cumplimiento del reino y la justicia de Dios.

A continuación está la administración. Primeramente

debemos manejar nuestro corazón. Podemos controlar nuestro corazón si alejamos la maldad e injusticia, nos santificamos y producimos los nueve frutos del Espíritu Santo. Aquella persona aceptará y abrazará a muchos más con generosidad. No tratará de controlar a los demás a la fuerza o con palabras duras, sino con obediencia y servicio.

Tenemos también el don de hablar en varias lenguas. Nos sumergimos en niveles espirituales más profundos cuando hablamos ardientemente en otras lenguas. Podemos ser llenos del Espíritu, varias persecuciones y pruebas se alejarán y las respuestas llegarán más rápido cuando hablemos en lenguas, y por eso, es algo precioso.

"¿Acaso son todos apóstoles? ¿Acaso son todos profetas? ¿Acaso son todos maestros? ¿Acaso son todos obradores de milagros? ¿Acaso tienen todos dones de sanidad? ¿Acaso hablan todos en lenguas? ¿Acaso interpretan todos? Mas desead ardientemente los mejores dones. Y aun yo os muestro un camino más excelente" (12:29-31).

No cualquiera puede manifestar el poder o enseñar. Cada uno debe cumplir su propia tarea, pero debemos orar para recibir un don aún mayor y así glorificar a Dios en gran manera. Si tenemos un don de sanidad, debemos orar más para manifestar el don de hacer milagros y tratar de llegar a ser maestros, profetas y apóstoles. Lo mismo sucede con todas las demás tareas en la iglesia. Debemos considerar como preciosas aun las tareas más pequeñas, y también debemos anhelarlas y aceptarlas.

Capítulo 13

Amor espiritual

— Amor espiritual y amor carnal

— Aunque tuviera todo el poder y la fe

— Amor espiritual

— Lo que necesitamos en el Cielo

por siempre es el amor

Amor espiritual y amor carnal

"Si yo hablara lenguas humanas y angélicas, pero no tengo amor, he llegado a ser como metal que resuena o címbalo que retiñe" (13:1).

Los últimos versos del capítulo 12 dicen: *"Mas desead ardientemente los mejores dones. Y aun yo os muestro un camino más excelente"*. En este caso, el mejor don es el amor. Jesús cumplió la ley con amor. Dios es también la culminación del amor en Sí mismo. La razón por la que intentamos cumplir con el reino y la justicia de Dios es para perfeccionar el 'amor'.

¿Cuál es el verdadero amor del que Dios habla?

Por lo general, el amor se puede clasificar en amor espiritual y amor carnal. El amor espiritual es otorgado por Dios; jamás cambia y es totalmente sacrificial en todo. El amor carnal, por otro lado, busca su propio beneficio y ventajas. Además cambia con facilidad con el paso del tiempo.

En este mundo existe el amor que hay entre padres e hijos, entre marido y mujer, entre hermanos y hermanas, y entre vecinos y amigos. La profundidad del amor en cada situación es diferente.

La gente dice que el mayor amor de todos es el de los padres. A menudo los padres desean proveer para los hijos en primer lugar, antes que proveer para los demás.

No obstante, escondido en este amor de padres está el deseo de buscar su propio beneficio. Ellos quieren hacer que sus hijos hagan lo que ellos quieren que hagan; cuando los hijos no siguen sus deseos, usualmente se desilusionan.

Si los hijos no respetan a sus padres y les causan dificultades, entonces los padres quizás cambien su actitud. Este es el amor carnal que 'busca su propio beneficio'. Quizás digan que incluso sacrificarían sus vidas por sus hijos, pero si tienen este amor únicamente por sus propios hijos, también se trata de un amor que busca lo suyo. El amor espiritual se da solamente cuando pueden amar no solo a sus propios hijos, sino también a otros niños.

Hablemos acerca del amor entre esposo y esposa. Hay personas que tienen el amor sacrificial que conmueve a muchas personas, pero no es fácil encontrar tal amor. Cuando una pareja está saliendo, uno de ellos podría decir que no puede vivir sin la otra persona, pero después de casarse, si la relación ya no les es de beneficio, fácilmente pueden hablar acerca de un divorcio. Suelen decirse que se amarán mutuamente por siempre, pero con el paso del tiempo se dan cuenta que no era verdad.

Muchas veces se dan tensiones en el amor entre hermanos y este cambia cuando se trata de dinero. Si un hermano joven, por ejemplo, constantemente tienen necesidades financieras y pide ayuda a su hermano mayor, la relación puede deteriorarse. El hermano mayor puede incluso llegar a desear que su hermano menor jamás regrese a verlo e inclusive puede decirle a su hermano que no regrese nunca más. Su amor cambia porque se trata de un amor carnal que busca lo suyo.

No obstante, el amor de Dios es diferente; es un amor totalmente sacrificial que jamás cambia y es espiritualmente refinado, noble y verdadero. Es también el amor que nos lleva a la vida eterna y la salvación.

El primer verso dice: "Si yo hablase lenguas humanas y angélicas...". Las 'lenguas' aquí son distintas al don de lenguas mencionado en 1 Corintios 12. Existen muchos idiomas, y como un todo, a estos nos referimos aquí como 'lenguas de hombres'. Estos son los idiomas de los hombres, no los sonidos de animales y aves.

Al escuchar la palabra 'ángel' recordamos algo puro, irreprensible, limpio y que no tiene maldad. Cuando las personas hablan suavemente y de modo hermoso, decimos que hablan como ángeles. ¡Cuán hermosa será la palabra que proviene de la boca de ángeles!

Aunque uno hable muchos idiomas y se comunique con palabras hermosas como las de ángeles, si no se tiene amor, entonces las palabras no son más que sonidos de un címbalo que retiñe. Si golpeamos un bloque sólido de cobre, se obtiene el sonido sordo de un golpe. Aun los címbalos pueden hacer sonidos que retiñen; aunque uno hable con las palabras de ángeles, no sirve de nada si no tenemos el amor espiritual.

Aunque tuviera todo el poder y la fe

"Y si tuviera el don de profecía, y entendiera todos los misterios y todo conocimiento, y si tuviera toda la fe como para trasladar montañas, pero no tengo amor, nada soy" (13:2).

Con el don de profecía se conoce con claridad el futuro. Conocer el futuro es algo muy beneficioso. Al hablar de 'todos los misterios' se refiere al camino de la cruz que había estado escondido desde antes de los tiempos.

En este caso, 'todo el conocimiento' se refiere al conocimiento de la Palabra de Dios, la Verdad, y no al conocimiento de este mundo. Aunque sepamos todos los misterios y tengamos todo el conocimiento, no servirá de nada si no tenemos amor. El hecho de conocer algo solamente en nuestra mente, no lo convierte en fe verdadera. Esa 'fe' no podrá guiarnos al camino de la vida eterna.

No solo debemos conocer 'todos los misterios' y poseer

todo el conocimiento, sino que también debemos cultivarlo en nuestro corazón. De este modo, si nos abstenemos de la falsedad al vivir en la Palabra de Dios, podemos tener amor espiritual.

Aunque tengamos la gran fe que puede mover montañas, no será nada si no tenemos amor. La fe y el amor son dos cosas distintas. Tener gran fe no necesariamente significa tener también amor. Claro está que estos se relacionan entre sí. Si tenemos fe trataremos de amar, y así, el amor crecerá en esa fe. No obstante, tener gran fe no significa tener gran amor.

Por ejemplo: uno puede creer que Moisés dividió el Mar Rojo y que el pueblo de Israel marchó alrededor de la ciudad de Jericó y la muralla cayó, y que Jesús resucitó a Lázaro de la muerte. Sin embargo, el hecho de creer no significa que el creyente también tiene amor.

Hay incluso pastores que muestran su actitud irascible respecto a cosas insignificantes y demuestran modales y comportamientos que no son distintos a los de los no creyentes. Hay también algunos líderes en la iglesia quienes tienen fe pero no tienen amor. ¿Cómo podemos decir que estos hombres son espirituales y que van por el camino de la vida eterna porque hay vida en ellos?

Es por esto que, aunque la gente sanó a los enfermos, manifestó el poder de Dios y expulsó demonios en el nombre de Jesús, el Señor les dijo: *"Apartaos de mi, los que practicais la iniquidad"* (Mateo 7:22-23). Aunque confesemos "Señor, Señor", no podremos entrar al reino de los Cielos si no vivimos según la Palabra de Dios (v. 21).

Si no tenemos amor, significa que no vivimos en la Palabra de Dios, a pesar de estar asistiendo a la iglesia y el pasaje dice que, aunque tengamos todo el conocimiento y la fe para mover montañas, somos nada si no tenemos amor.

"Y si diera todos mis bienes para dar de comer a los pobres, y si entregara mi cuerpo para ser quemado, pero no tengo amor, de nada me aprovecha" (13:3).

Ayudar a los pobres sin tener amor es un acto de hipocresía. Es algo que se hace para ostentar ante los demás y Dios no se complacerá con este tipo de ayuda. Por este tipo de ayuda, no recibiremos bendiciones en la Tierra, ni tampoco en el Cielo.

Muchas veces los nombres de individuos o compañías que hacen donaciones se exhiben en los diarios. Sin embargo, si sus nombres no se publicaran, no todas esas personas harían donaciones de la misma cantidad de dinero.

En Mateo 6:2-4 dice: *"Por eso, cuando des limosna, no toques trompeta delante de ti, como hacen los hipócritas en las sinagogas y en las calles, para ser alabados por los hombres. En verdad os digo que ya han recibido su recompensa. Pero tú, cuando des limosna, que no sepa tu mano izquierda lo que hace tu derecha, para que tu limosna sea en secreto; y tu Padre, que ve en lo secreto, te recompensará"*. Si ayudamos a los pobres a hacer que nuestro nombre sea conocido, entonces ya hemos recibido las alabanzas y recompensas. De este modo, no tendremos ninguna recompensa para recibir de parte de Dios en el reino de los Cielos.

El pasaje continua diciendo: "Y si diera todos mis bienes para dar de comer a los pobres, y si entregara mi cuerpo para ser quemado, pero no tengo amor, de nada me aprovecha". 'Entregar nuestro cuerpo para ser quemado' significa entregarnos a nosotros mismos como sacrificio completo. Si podemos ofrecernos en sacrificio completo por los demás, ¿cómo puede ser un acto sin amor?

Posiblemente ha visto a algunas personas ayudar a los demás con sus fuerzas, tiempo y dinero, pero si no son reconocidos por los demás por sus obras, se desaniman, o se resienten e incluso se quejan al respecto. Aunque no pasen por un estado de quejas y resentimiento, su pasión se apagará. Si otras personas señalan algunos errores en lo que han hecho por los demás, pueden perder su fuerza y vitalidad. Incluso pueden volverse críticos de aquellos que señalan sus errores.

Esto nos dice que han hecho algo para ser reconocidos y obtener elogios de la gente. Este fue un sacrificio hecho sin amor y, por ende, no tiene ningún provecho.

Amor espiritual

"El amor es paciente, es bondadoso..." (13:4).

Lo opuesto al amor espiritual es la maldad. Por lo tanto, la condición en la que nos hemos abstenido de la maldad es cuando tenemos amor espiritual. Ahora hablemos acerca del amor espiritual con detalle.

Primero: el amor es paciente. ¿Acerca de qué debemos ser pacientes? Debemos ser pacientes con todo tipo de dificultades que quizás encontremos cuando tratamos de amar. Luego debemos ser pacientes con nosotros mismos.

Cuando tratamos de amar a alguien, esa persona puede incluso lanzarnos una piedra. Es posible que algunos nos calumnien o aborrezcan sin razón alguna. Amor espiritual es amar a aquellas personas con perseverancia y paciencia. La paciencia en el amor espiritual es ser paciente en todo tipo de dificultades que encontramos cuando tratamos de obedecer la Palabra de Dios y amar a otras personas.

No obstante, la paciencia en el amor espiritual es distinta a aquella descrita entre los nueve frutos del Espíritu Santo, en Gálatas 5:22. La paciencia como un fruto del Espíritu Santo implica soportar todas las cosas para cumplir con el reino de Dios y Su justicia. Es tener paciencia incansable, y sobre todo por el bien de la verdad. Por otro lado, la paciencia en el amor espiritual es un concepto más estrecho. Se trata del amor a la gente a un nivel individual.

El pasaje dice también que el amor es bondadoso. Es poder aceptar y abrazar a cada persona de modo que muchos puedan permanecer reunidos a nuestro alrededor. Al igual que un pedazo de algodón que no hace ruido ni siquiera cuando es golpeado por una sustancia dura, esta bondad es el corazón que puede aceptar y abrazar a todos. Si poseemos esta bondad, muchas personas desearán acercarse y descansar en nosotros al igual que aves que descansan en la corona de un gran árbol.

Esta dulce bondad no significa que se aceptará constantemente de manera sumisa, débil o suave. El tipo de bondad que es reconocida por Dios es el amor espiritual que no tiene maldad. Por tanto, soportamos aun a las personas malas, sin levantarnos en contra de ellas. No obstante, no es solo suave y sumiso todo el tiempo; también tiene la dignidad con la que podemos manejar, dirigir, corregir y guiar bien.

Con las palabras y acciones adecuadas, estas personas entenderán las deficiencias de los demás y las aceptarán y se ganarán el corazón de muchos. No se convierten en una piedra de tropiezo en cualquier circunstancia, sino que se ganan la confianza, amor y reconocimiento de los demás.

Entonces, como está escrito: *"Bienaventurados los humildes, pues ellos heredarán la tierra"* (Mateo 5:5), y *"Mas los humildes poseerán la tierra, y se deleitarán en abundante prosperidad"* (Salmos 37:11), son los humildes los que heredarán la tierra. En este caso, al hablar de la 'tierra' lo hace en un sentido espiritual, es decir, se refiere a las moradas celestiales. Heredar la tierra significa que disfrutaremos de gran autoridad en el reino de los Cielos.

Los mansos y humildes serán fortalecidos para dar gracia a muchas personas con el corazón de Dios. Mientras mayor sea la bondad que mostramos, mayor será el número de personas que se acercarán a nosotros y podremos guiar más almas hacia el reino celestial. Por lo tanto, los bondadosos disfrutarán de gran autoridad en el Cielo y heredarán moradas celestiales más grandes.

"[El amor] no tiene envidia..." (13:4).

En este caso, la envidia se da cuando la gente desarrolla su amargura y sospechas sobre la buena fortuna de otra persona y le hace cosas malas a aquella persona. Si tenemos envidia, tendremos sentimientos incómodos cuando los demás estén mejor que nosotros. Además los odiaremos y desearemos tomar lo que tienen.

Es posible que nos veamos desalentados porque ellos son

reconocidos y amados por los demás, mientras que nosotros no lo somos. Quizás pensemos que sentirnos desalentados no es realmente "envidia", pero tenemos esos sentimientos porque tenemos nuestro ego que quiere ser amado y reconocido por los demás. Si esto se torna más malo, se convertirá en acciones y palabras.

Muchas veces la envidia se encuentra en el amor entre un hombre y una mujer. Hay envidia debido a que una persona desea ser amada por su novio o novia. Las personas también tienen envidia cuando otras personas son más ricas, educadas y capaces que ellas.

En Génesis 4 leemos acerca de los sacrificios de Caín y Abel. Caín ofreció un sacrificio carnal mientras que Abel elevó un sacrificio de sangre que es un sacrificio espiritual. Cuando Dios aceptó solo el sacrificio de Abel, Caín sintió envidia y finalmente mató a su propio hermano, Abel. La envidia se convirtió en el acto de homicidio.

En Génesis 30:1 (RVR1960) leemos: *"Viendo Raquel que no daba hijos a Jacob, tuvo envidia de su hermana, y decía a Jacob: Dame hijos, o si no, me muero"*. Cuando Raquel sacaba por su boca lo que había en su corazón envidioso, el corazón de Jacob se veía torturado. Finalmente, tal como lo había dicho, Raquel murió mientras daba a luz a Benjamín.

No debemos tener envidia unos de otros, sino regocijarnos juntos en Cristo, animándonos y amándonos mutuamente. Por esto, debemos comprender totalmente cuán insignificante es el amor carnal, la fama, la riqueza, el conocimiento y el poder social que da lugar a la envidia. Además debemos tener la fe segura de que nuestra ciudadanía está en el reino de los Cielos.

Entonces podremos tener incluso una confraternidad más cercana entre hermanos y hermanas en Cristo que la que tenemos con los miembros de nuestra propia familia. Esto se da porque creemos que somos hermanos y hermanas que vivirán en el reino de los cielos por siempre, sirviendo al mismo Dios, nuestro Padre. Si tenemos esta fe firme y edificamos el amor verdadero sobre ella, amaremos a nuestro prójimo como a nosotros mismos. Entonces podremos regocijarnos cuando los demás estén bien como si fuésemos nosotros mismos los que estamos bien.

"... el amor no es jactancioso, no es arrogante" (13:4).

Jactarse es darse a conocer y presumir de nosotros mismos. Cuando las personas tienen algo mejor que los demás, desean presumir de eso, lo que se debe a que desean ser elogiados y reconocidos. Algunos se jactan de su riqueza, educación, posición social o apariencia.

Si nos jactamos, significa que estamos muy lejos del amor. Además, aunque nos jactemos, no obtendremos respeto ni amor sincero de parte de los demás. Al contrario, solamente causaremos que los demás nos desprecien y que incluso tengan envidia de nosotros.

Sin embargo, en 1 Corintios 1:31 leemos: *"...para que, tal como está escrito: El que se gloria, que se gloríe en el Señor"*. Por tanto, podemos jactarnos en el Señor. Jactarse en el Señor es hablar de cómo llegamos a creer en Dios y cómo recibimos Su amor, y de qué manera llegamos a recibir Sus respuestas y bendiciones.

Jactarse en el Señor es dar la gloria a Dios y conceder gracia a los hermanos y hermanas en la fe, plantando fe en ellos. Por lo tanto, tendremos recompensas almacenadas para nosotros en el Cielo, y los deseos de nuestro corazón se cumplirán más rápido. No obstante, también debemos ser cuidadosos cuando nos jactamos en el Señor. Hay casos en los que las personas piensan que le están dando la gloria a Dios, pero de hecho están presumiendo de sí mismas.

La jactancia de este mundo no es algo que puede darnos vida eterna o satisfacción. Más bien nos da una codicia sin sentido que nos lleva al camino de la destrucción. Al darnos cuenta de esto y llenar nuestro corazón con la esperanza por el reino celestial, obtendremos la fortaleza para sacar la vanagloria de la vida y desecharla. Al abstenernos de la jactancia de nuestro corazón, amaremos al Señor con pasión y nos jactaremos de Él por darnos vida eterna y el reino de los Cielos.

La arrogancia implica menospreciar a los demás considerándolos inferiores a nosotros y pensando que somos mejores que los demás en todo aspecto. Un hombre arrogante siente que nadie está por encima de él; se considera superior y el mejor, de modo que siempre menosprecia a los demás e intenta enseñarles.

Esta persona menospreciará incluso a aquellos que le han guiado y enseñado, y que están en una posición superior a la suya. No prestará atención a ningún consejo de ancianos o líderes, sino que, por el contrario, intentará enseñarles. Una persona así fácilmente se enredará en discusiones y disputas.

¡A esto llamamos arrogancia carnal! Sin embargo, hay otro tipo de arrogancia. Cuando una persona ha sido cristiana por un largo tiempo, quizás piense que ha logrado mucho y que está en lo correcto. Entonces comienza a juzgar y condenar a los demás con la Palabra que conoce, pero ella piensa que simplemente está discerniendo con la verdad. Se considera que este tipo de corazón altivo tiene 'arrogancia espiritual'.

Dios dice que el hombre arrogante es necio. Todos somos creados a imagen de Dios, y como Sus hijos, todos somos iguales. Nadie puede menospreciar a otro afirmando ser la única persona que está en lo correcto.

En la medida en que cultivemos el amor espiritual en nosotros, reflejamos al Señor que es humilde. El Señor se humilló a Sí mismo, incluso hasta la muerte en una cruz; lavó los pies de Sus discípulos mostrándonos el ejemplo de humildad y servicio. Nosotros debemos seguir Su ejemplo. Si los demás son pobres, sin educación o débiles, debemos considerarlos mejores que nosotros mismos con toda sinceridad de corazón y ser humildes.

"[el amor] no se porta indecorosamente; no busca lo suyo..." (13:5).

Portarse indecorosamente es ser grosero y no tener modales. De modo sorprendente, muchas personas incomodan a los demás con sus palabras y acciones descorteses, sin notarlo.

Permítame hablarle primero acerca de cómo somos descorteses ante Dios. Esto concierne a los servicios de adoración, la oración, alabanza, el santuario y las cosas santas que corresponden al santuario. Por ejemplo: algunas personas llegan tarde al servicio de adoración, o se quedan dormidas durante el sermón. No adorar en espíritu y en verdad es algo muy descortés, así como también lo es divagar y hablar con la persona al lado durante el tiempo de adoración. Así también, el acto de asistir a los servicios de adoración en estado de embriaguez, con sandalias o zapatillas de baño, o el uso de gorras de parte de los hombres, consisten la misma falta de cortesía.

Si llegamos tarde a reuniones de oración sin una razón especial, si nos levantamos en medio de la oración para ir a otro lado o si oramos con pensamientos ociosos y repeticiones sin sentido, nos estamos portando de modo indecoroso. Es una falta de cortesía sacudir a una persona que está orando para que se detenga, o dejar de orar inmediatamente después de oír que alguien nos llama.

No debemos enojarnos ni tener disputas en la iglesia. No

debemos hablar acerca de nuestros negocios o placeres del mundo en la iglesia. No debemos hacer mal uso o desperdiciar las cosas santas de la iglesia.

Hablemos ahora acerca del comportamiento indecoroso entre otras personas. Por lo general, cuando buscamos nuestro propio beneficio sin considerar a los demás, entonces estamos aptos para portarnos de modo indecoroso. Es descortés llamar a alguien tarde en la noche o mantener a una persona cautiva en una conversación por un largo tiempo.

Es de mala educación llegar tarde a un compromiso o visitar a alguien sin previo aviso. Aunque usted sea un pastor o líder en la iglesia, no es correcto dar órdenes a los miembros de su iglesia. En especial es muy probable que nos portemos indecorosamente ante aquellos que son muy cercanos a nosotros, por eso debemos tener cuidado. Amor espiritual es considerar todos estos casos y cuidar de cerca nuestro comportamiento.

El amor espiritual busca el beneficio de los demás antes que el propio. Cuando algunas personas desean insistir en su propia opinión durante una reunión, por ejemplo, intentan persuadir a los demás. No obstante, otros quizás no insistan mucho en sus propias opiniones, pero tampoco sienten agrado por las opiniones de los demás.

Hay incluso los que prestan atención a las ideas de los demás, y a pesar de tener sus propias buenas ideas, intentan seguir las ideas de los demás. Si amamos a los demás, los respetaremos y consideraremos más preciosos que a nosotros mismos. Actuaremos de manera que no busquemos nuestro propio beneficio, ganancia o ventajas.

Jesús no comió ni descansó bien; simplemente vivió por los que estaban errantes, como ovejas perdidas. Por causa de Su amor por las almas, que era abundante en Su corazón, Él renunció a todo aquello que pudo haber disfrutado.

En calidad de hijos de Dios, no debemos desear algo mejor o más delicioso antes que los demás. Debemos poner a la iglesia, las almas, nuestro prójimo y los miembros de nuestra familia antes que nosotros.

Sin embargo, "no buscar lo suyo" no significa que no debemos pedir nuestro pan diario o que no debemos esforzarnos por orar y trabajar por el reino de Dios. Nosotros tenemos necesidades en la vida. Esto tan solo significa que no debemos "buscar lo nuestro" cuando esto cause daños o desventajas a los demás.

Para no buscar nuestros propios beneficios en todo, debemos confiar en el Espíritu Santo. Si seguimos la dirección del Espíritu Santo en todo tiempo, haremos todo para la gloria de Dios. Si nos abstenemos de la maldad y cultivamos el amor verdadero en nosotros, tendremos la sabiduría de la bondad en cada situación, y podremos discernir la voluntad de Dios y hacerla.

"[el amor] no se irrita, no toma en cuenta el mal recibido..." (13:5).

Algunas personas se irritan fácilmente cuando los demás les hacen daño o cuando las cosas no salen como ellas desean. Si nos vemos irritados, no tenemos amor porque el amor no se beneficia de nada. El acto de irritarse no se limita a enojarse, hablar palabras soeces o hacer uso de la violencia.

Si nuestro rostro se torna rígido o retorcido, o si cambia de color, si el tono de nuestra voz se vuelve abrupto, significa que estamos irritados y eso demuestra que el sentimiento de incomodidad en nuestro interior ha salido a la luz. No obstante, no debemos juzgar a los demás tan solo con ver su apariencia. Puede haber casos en los que la gente parece estar molesta, pero no es así.

Para evitar ser irritados, no debemos suprimir las emociones, sino abstenernos de los sentimientos adversos. Claro está que, no podemos abstenernos por completo de los sentimientos adversos y reemplazar el contenido de nuestro corazón por bondad y amor solamente en un día. Debemos esforzarnos cada día.

Cuando exista una situación que pueda llevarnos a estar irritados, debemos tratar de controlarnos. Debemos tomar un momento, respirar profundo y pensar: "¿De qué me serviría esto si me siento irritado?" Luego debemos examinar el corazón; no debemos hacer nada que pueda hacernos lamentar nuestras acciones o estar avergonzados de ellas más adelante. Al aprender a ser pacientes de este modo, eventualmente podremos abstenernos de la ira y el mal carácter de nuestro corazón, de modo que tendremos paz en nuestra mente ante cualquier situación.

Proverbios 12:16 dice: *"El enojo del necio se conoce al instante, mas el prudente oculta la deshonra"*. Así también, en Proverbios 19:11 leemos: *"La discreción del hombre le hace lento para la ira, y su gloria es pasar por alto una ofensa"*. Seamos lentos para la ira y más bien rápidos para abstenernos de la ira de modo que podamos vivir la vida de una persona sabia.

El verso en estudio dice que el amor no toma en cuenta el mal recibido. Esto significa, según la versión Reina Valera de la Biblia, no pensar en lo malo. Lo malo es algo que no es bueno y que tampoco es correcto. Si nosotros tenemos maldad, desearemos que los demás sufran; si tenemos amor, no tendremos ese tipo de pensamientos.

Los padres aman a sus hijos y siempre desean lo mejor para ellos. Por otro lado, si deseamos que otros sufran e intentamos descubrir sus debilidades y flaquezas para difundirlas como murmuraciones, es porque no amamos.

También es malo juzgar y condenar a los demás. Sin embargo, aun entre los creyentes hay algunos que juzgan a los demás según sus propios estándares, sin considerar las situaciones. Esto se debe también a que no tienen amor.

Además, si tenemos pensamientos en contra de la voluntad de Dios, significa que tenemos pensamientos de maldad.

Dios es amor La esencia de los mandamientos de Dios es el amor. 1 Juan 3:23 dice: *"Y este es su mandamiento: que creamos en el nombre de su Hijo Jesucristo, y que nos amemos unos a otros como El nos ha mandado"*. En Romanos 13:10 leemos: *"El amor no hace mal al prójimo; por tanto, el amor es el cumplimiento de la ley"*.

Después de todo, no amar es algo malo. Es un pecado y es un acto de desenfreno. Para saber si estamos pensando de manera mala, debemos examinar cuánto amor hay en nosotros. En la medida en que amamos a Dios y a las almas, no pensamos en términos de maldad.

Para abstenernos de la maldad no debemos pensar, ver o escuchar nada que sea malo. Si lo hacemos, no debemos recordarlo ni tratar de pensar en ello. Debemos abstenernos aun de los pensamientos ligeros.

Para despojarnos de la maldad y guardar nuestro ser, debemos abastecer a nuestro espíritu con la Palabra y la oración. Podremos alejar los pensamientos de maldad y tener buenos pensamientos cuando meditemos en la Palabra día y noche. Podremos descubrir la maldad escondida en nuestro ser cuando meditemos en la Palabra más profundamente en oración. Con la oración ferviente en la plenitud del Espíritu Santo podemos controlar nuestra maldad y abstenernos de ella.

Vayamos tras la bondad en todo tiempo, como está escrito

en 1 Tesalonicenses 5:15, que dice: *"Mirad que ninguno devuelva a otro mal por mal, sino procurad siempre lo bueno los unos para con los otros, y para con todos"*.

"[el amor] no se regocija de la injusticia, sino que se alegra con la verdad; todo lo sufre, todo lo cree, todo lo espera, todo lo soporta" (13:6-7).

No regocijarse con la injusticia es similar a no pensar en la maldad, aunque son algo diferentes. No pensar en la maldad es no tener ninguna forma de maldad en el corazón en absoluto. No regocijarse con la injusticia es no alegrarse ni tomar parte en ningún tipo de acto impío.

Por ejemplo, cuando se siente celos de algún amigo que es exitoso, y por la mente se cruza el pensamiento con el deseo de que aquella persona fracase, se revela que hay maldad en el corazón. De pronto un día su empresa quiebra. Si usted se goza por esa situación pensando que es bueno que eso le haya sucedido, entonces se estará regocijando en la injusticia. Además, si usted se regocija por la ganancia obtenida a través de un método injusto, o si toma a la fuerza algo de los demás o si los estafa en asuntos de dinero, eso es regocijarse activamente en la injusticia.

Quebrantar la ley, lastimar a otros y todo aquello que esté en contra de la Palabra de Dios es injusticia ante el Señor. La injusticia se revela cuando la maldad del corazón sale a la luz.

Entre los diversos tipos de pecados, este en particular tiene que ver con las obras de la carne.

En 1 Corintios 6:9-10, dice: *"¿O no sabéis que los injustos no heredarán el reino de Dios? No os dejéis engañar: ni los inmorales, ni los idólatras, ni los adúlteros, ni los afeminados, ni los homosexuales, ni los ladrones, ni los avaros, ni los borrachos, ni los difamadores, ni los estafadores heredarán el reino de Dios"*. Está escrito, que los que cometen las obras de la carne, no podrán recibir salvación. Por lo tanto, cuando vemos algo injusto, no debemos regocijarnos o tomar parte de ello, sino llorar y orar al respecto.

Regocijarse con la verdad es, en primer lugar, regocijarse con el evangelio. El evangelio constituye las buenas nuevas que anuncian que podemos ir al reino de los Cielos por medio de Jesucristo. Recibimos salvación al escuchar el evangelio y aceptar a Jesucristo. Obtuvimos la vida eterna al regocijarnos en la verdad, es decir, en el evangelio. Ahora podemos entrar al reino de los Cielos al ser limpiados de nuestros pecados por medio de la preciosa sangre del Señor. Hemos llegado a tener una vida valiosa al conocer el verdadero propósito de la vida.

Los que se regocijan por el evangelio también lo difundirán con diligencia entre las demás personas y se regocijarán cuando muchos acepten al Señor y reciban salvación y cuando se extienda el reino de Dios.

Así también, regocijarse con la verdad es alegrarse cuando vemos y escuchamos acerca de la bondad, el amor, la rectitud y la verdad. Nos alegra escuchar la Palabra, leer la Biblia y practicar la verdad. La Palabra de Dios nos dice que sirvamos, comprendamos y perdonemos a los demás y nosotros lo hacemos con disposición. Debemos regocijarnos en la verdad, tener sed y hambre de la verdad para llevar una vida valiosa.

Podemos soportarlo todo si tenemos amor. Debemos tener amor espiritual para regocijarnos en la verdad y creer y soportar todo. Podemos entender el amor de Dios y practicarlo cuando creemos por completo en la verdad.

Debemos esperar y soportar todo para que podamos tener amor espiritual perfecto. Examinemos si en verdad tenemos este tipo de amor. Amemos a Dios y a nuestros vecinos para que podamos tener paz y bendiciones de Dios.

Lo que necesitamos en el Cielo por siempre es el amor

"El amor nunca deja de ser; pero si hay dones de profecía, se acabarán; si hay lenguas, cesarán; si hay conocimiento, se acabará" (13:8).

El amor proviene de la verdad. Todo lo relacionado con el amor está inmerso en los 66 libros de la Biblia. Si vivimos por completo en la verdad, nuestro amor también puede ser perfeccionado y es por eso que el Señor dijo que Él tenía que cumplir la Ley por amor.

Si vivimos en la Palabra y tenemos un corazón veraz por completo, significa que nos asemejamos a Dios. Esto significa que hemos alcanzado la santificación y el perfecto amor espiritual. La verdad jamás cambia, y de igual manera, el amor jamás cambia y nunca cesa.

Cuando vayamos al reino de los Cielos no necesitaremos profecía, lenguas o conocimiento porque tendremos una sola lengua que es el lenguaje celestial. Por ende, no necesitaremos ningún idioma. Solamente el amor no cambia jamás.

> **"Porque en parte conocemos, y en parte profetizamos;
> pero cuando venga lo perfecto, lo incompleto se
> acabará. Cuando yo era niño, hablaba como niño,
> pensaba como niño, razonaba como niño; pero cuando
> llegué a ser hombre, dejé las cosas de niño" (13:9-11).**

Aunque sepamos una gran cantidad de información respecto a Dios y la verdad y la profecía, todavía no podremos entender por completo el corazón y la voluntad de Dios. Podremos conocer acerca del futuro solo en la medida en que Dios nos permita saber bajo la inspiración del Espíritu. Esta es la razón por la que conocemos y profetizamos solamente 'en parte'.

El verso 10 dice: "...pero cuando venga lo perfecto, lo incompleto se acabará". Cuando vayamos al reino de los Cielos, las cosas que en parte conocemos se acabarán. Permítame darle un ejemplo para explicarle esto.

Cuando éramos niños, hablábamos como niños. Por otro lado, cuando maduramos y nos hacemos adultos, nuestra manera de hablar cambia. Si hablamos como niños una vez que llegamos a ser adultos, seremos considerados como ingenuos e infantiles.

De manera similar, la profecía, el hablar en lenguas y el hecho de poseer todo el conocimiento en este mundo son solo cosas infantiles comparadas con lo que habrá en el Cielo. Allá conoceremos el corazón y la voluntad de Dios por completo.

Por consiguiente, no necesitaremos la profecía y las lenguas.

"Porque ahora vemos por un espejo, veladamente, pero entonces veremos cara a cara; ahora conozco en parte, pero entonces conoceré plenamente, como he sido conocido" (13:12).

Aunque conozcamos bien la verdad y vayamos a niveles profundos del espíritu, ¿cuánto podemos conocer en realidad? Hay una frase que dice: "Ver es creer". Es mejor ver algo antes que escucharlo cien veces.

Por lo tanto, aunque en este mundo conozcamos bien la Biblia, la verdad y Dios, cuando nos encontremos con Dios en el Cielo nos daremos cuenta que lo que conocíamos en este mundo era semejante al hecho de ver por un espejo. Los espejos en el tiempo de Pablo se hacían con piedras o cobre, así que su imagen no era clara; eran distintos a los espejos de la actualidad.

Aunque profeticemos y tengamos todo el conocimiento y hablemos en lenguas, no podremos compararlo con el conocimiento de las cosas una vez que vayamos al Cielo. Esa es la razón por la que es como si viésemos todo por un espejo. Así que todo el conocimiento, la profecía y las lenguas en este mundo se acabarán porque lo que es perfecto vendrá.

Además, aunque sepamos mucho, tan solo sabemos en parte. Por otro lado, si conocemos al Señor, podremos conocerlo claramente, tal como Él nos conoce.

Nosotros creemos en el Cielo. Creemos que el Señor

resucitó y que regresará para llevarnos. Los que estén vivos serán transformados en un cuerpo espiritual y seremos arrebatados en el aire. No obstante, aunque creemos esto por completo, la situación será completamente diferente cuando en realidad estemos al lado del Señor, y solo entonces lo conoceremos claramente como Él nos conoce.

"Y ahora permanecen la fe, la esperanza y el amor, estos tres; pero el mayor de ellos es el amor" (13:13).

Leemos: "...permanecen la fe, la esperanza y el amor, estos tres". En primer lugar debemos tener fe porque la salvación se recibe por fe. Si tenemos fe, podremos tener la esperanza por el reino de los Cielos. Con fe podremos superar las pruebas, lograremos regocijarnos y dar gracias en toda circunstancia porque recibimos respuestas a nuestras oraciones y tendremos esperanza por el reino de los Cielos. Nos abstendremos del pecado y la injusticia porque tendremos fe y esperanza. Cumpliremos con nuestras responsabilidades al orar ardientemente para vivir en la verdad con fe.

Los que tienen fe espiritual y esperanza por el reino de los Cielos no se comprometen con la falta de rectitud. Se equipan a sí mismos con la verdad y eventualmente se asemejan a Dios para tener un amor perfecto y verdadero. Es por esto que debemos tener toda la fe, la esperanza y el amor en este mundo.

¿Vamos a necesitar fe y esperanza también en el reino de los Cielos? La fe y la esperanza son necesarios solo durante nuestras vidas en este mundo. Iremos al reino de los Cielos por fe, de modo que no necesitaremos fe una vez que entremos en el reino de los Cielos. La esperanza es necesaria solamente mientras estamos en este mundo. Todo se habrá cumplido en el reino de los Cielos, y la esperanza ya no será necesaria.

No obstante, el amor jamás cesa o deja de ser en ninguna situación. Este permanece por siempre en el reino de los Cielos. Disfrutaremos de la felicidad sin fin compartiendo amor con Dios y el Señor, y con los hermanos y hermanas que han alcanzado salvación.

Por lo tanto, debemos santificar nuestro corazón en este mundo para tener santidad y paz, que es lo mismo que tener el corazón del Señor. Debemos anhelar los dones mayores para que podamos tener el amor espiritual y perfecto.

Capítulo 14

PROFECÍA Y LENGUAS

— Es necesario tener amor antes
de poder recibir los dones espirituales

— Oración en lenguas: el lenguaje
de la oración espiritual

— Comparación entre lenguas y profecía

— Que todo se haga para edificación

— "Las mujeres guarden silencio
en las iglesias": significado espiritual

— "Pero que todo se haga decentemente
y con orden"

Es necesario tener amor antes de poder recibir los dones espirituales

"Procurad alcanzar el amor; pero también desead ardientemente los dones espirituales, sobre todo que profeticéis. Porque el que habla en lenguas no habla a los hombres, sino a Dios, pues nadie lo entiende, sino que en su espíritu habla misterios. Pero el que profetiza habla a los hombres para edificación, exhortación y consolación" (14:1-3).

En calidad de creyentes, debemos desear el reino celestial y las cosas espirituales, no las del mundo. Debemos esforzarnos por convertirnos en personas espirituales. Para poder hacer esto, necesitamos poder y dones. Además debemos orar sin cesar.

El pasaje anterior nos dice que debemos buscar el amor y que debemos tener un fuerte deseo por los dones espirituales, en especial el don de la profecía. Dice que el deseo por los dones espirituales debe provenir desde el interior del marco del amor, y es por eso que el amor espiritual se explica en el capítulo anterior.

Si no tenemos amor espiritual, Dios no nos puede responder cuando pedimos por dones espirituales. Si alguien afirma tener poder o que puede profetizar, pero no conoce la Verdad y no tiene amor espiritual, entonces se trata de una falsedad. ¿Cómo podría Dios otorgar dones espirituales a una persona que no tiene amor?

Es por eso que primero debemos obtener y practicar el amor. Luego Dios nos dará los dones del Espíritu Santo en la medida en que cultivemos ese amor en nosotros. Si vivimos rodeados del amor espiritual, naturalmente oraremos para convertirnos en personas espirituales. Los que han cultivado el amor espiritual también desean los dones espirituales para el reino y la justicia de Dios, para las almas y para sumergirse en niveles espirituales más profundos. Hay muchos tipos de dones espirituales, pero Pablo sugiere que debemos desear el don de la profecía.

Hablar en lenguas es la oración de nuestro espíritu que Dios escucha. Solamente Dios comprende el contenido de la oración. Incluso la persona que está orando en lenguas no lo entiende por sí misma, a menos que reciba el don de interpretación de lenguas. Así también, el enemigo diablo y Satanás tampoco lo entiende, y por lo tanto, no podrá interrumpir la oración.

La oración de corazón y la oración de espíritu difieren una de la otra. Por ejemplo: si usted ora diciendo: "Dios, me siento cansado ahora. Dame fuerzas para no sentirme cansado", esa es una oración de corazón. Usted conoce aquello por lo que está orando. Por otro lado, usted no comprende la oración en lenguas porque es el espíritu el que está orando por las necesidades espirituales.

El amor busca el beneficio de los demás antes que el propio. Por lo tanto, esto explica también por qué tenemos que desear el don de profecía ya que debemos hacerlo en beneficio de los demás.

Aquel que profetiza habla a los hombres para edificación, exhortación y consolación. Esto significa que la profecía es para beneficio y bienestar de los demás. Es para darles paz y consuelo, y para guiarlos a tomar el curso más favorable. De este modo, la profecía lleva a la gente a orar, arrepentirse de sus pecados, amar más a Dios y acercarse más a Él. Es por eso que la profecía es para edificar, exhortar y consolar a los demás.

Oración en lenguas: el lenguaje de la oración espiritual

"El que habla en lenguas, a sí mismo se edifica, pero el que profetiza edifica a la iglesia. Yo quisiera que todos hablarais en lenguas, pero aún más, que profetizarais; pues el que profetiza es superior al que habla en lenguas, a menos de que las interprete para que la iglesia reciba edificación" (14:4-5).

Dios desea dar a todos el don de lenguas, y cualquier creyente puede recibirlo. Pablo dice que desea que todos reciban este don porque beneficia el espíritu de la persona que está orando en lenguas.

No obstante, aquel que profetiza edifica a la iglesia. La profecía puede plantar fe en los creyentes para que sus almas prosperen; ella permite que las personas se amen unas a otras y resuelve problemas. Aquel que profetiza edifica a la iglesia porque la profecía lleva a cabo el reino de Dios y Su justicia en armonía.

Sin embargo, si la profecía causa confusión u otros problemas en la iglesia, es una obra de Satanás y debemos tener cuidado.

Para que una persona que ora en lenguas pueda edificar a la iglesia, también debe recibir el don de interpretación de lenguas. De ese modo, aunque no profetice, puede interpretar las lenguas de otras personas y puede edificar y consolar, al igual que con la profecía.

Con el don de interpretación de lenguas, uno puede examinar con cuánta profundidad se está comunicando con Dios y cuán espirituales son nuestras oraciones, para poder tratar de vivir en la Palabra de Dios todavía más.

El pasaje dice: "...pues el que profetiza es superior al que habla en lenguas, a menos de que las interprete para que la iglesia reciba edificación". No obstante, esto no significa que no debemos hablar en lenguas a menos que se las interprete, o solo porque no es mejor que la profecía. Aquel que profetiza también debe haber recibido el don de lenguas. Debemos orar en lenguas para que nuestra alma prospere, y así también recibiremos el don de profecía.

El que enseña hará sonar la trompeta claramente

"Ahora bien, hermanos, si yo voy a vosotros hablando en lenguas, ¿de qué provecho os seré a menos de que os hable por medio de revelación, o de conocimiento, o

de profecía, o de enseñanza? Aun las cosas inanimadas, como la flauta o el arpa, al producir un sonido, si no dan con distinción los sonidos, ¿cómo se sabrá lo que se toca en la flauta o en el arpa? Porque si la trompeta da un sonido incierto, ¿quién se preparará para la batalla?" (14:6-8).

Si el apóstol Pablo hubiera solo seguido orando en lenguas en la iglesia de Corinto, no habría sido de ningún beneficio para los creyentes porque ellos no entendían. Por lo tanto, él habló en lenguas y también les enseñó por medio de la revelación, o por el camino del conocimiento. La oración en lenguas, la enseñanza por medio de la revelación y por el camino del conocimiento, además de la profecía, todas estas cosas juntas pueden beneficiar a los demás.

La flauta y el arpa son de provecho para la gente cuando producen sus tonos con distinción. De igual manera, debemos usar los diversos tipos de dones de modo apropiado. Por ejemplo: si una persona que tiene el don de profecía pide dinero, está usando mal su don. Esto significa que va por el camino de muerte. Por ende, ¿de qué manera puede beneficiar su profecía a los demás?

Hubo un tiempo en el que sonaban distintos toques de cornetas a manera de alarmas y para proporcionar orientación a los soldados respecto a cosas como los toques de diana (llamadas para despertar y hacer levantar la tropa), para atacar, para marchar hacia adelante o retroceder, o para alertar de los ataques del enemigo. Si estos toques de corneta no daban los sonidos (señales) apropiados, no lograban evitar la confusión o incluso la pérdida de la batalla. Habría sido un desastre si el toque era de retirada cuando se suponía que debían atacar, o viceversa.

Consideremos ahora los significados espirituales en este verso.

Si el pastor no enseña lo correcto en la iglesia, las almas de los miembros de la iglesia no podrán prosperar y no podrán levantarse sobre la roca de la fe. La iglesia debe producir los 'toques' y avisos correctos para la instrucción, de modo que el redil pueda prepararse para la batalla espiritual.

El enemigo diablo está rondando como león rugiente buscando a quien devorar en este mundo. Para obtener la victoria en contra del diablo, debemos convertirnos en verdaderos soldados de la cruz. Los soldados pueden pelear bien cuando escuchan los toques de corneta correctos. En otras palabras, para que los creyentes puedan vencer en la lucha espiritual, deben entender el llamado de la Palabra de Dios claramente y ponerlo en práctica.

Para que esto suceda, el maestro debe dar el 'toque de corneta' correcto. No solo los pastores sino también los líderes en cada área deben enseñar y guiar al redil en la manera apropiada, pero cuando un ciego guía a otro ciego, ambos caerán en un hoyo. Los líderes deben comprender que un error en sus palabras puede causar que los creyentes tropiecen y caigan. Por lo tanto, deben transmitir adecuadamente la voluntad de Dios con un fuerte sentido de responsabilidad.

"Así también vosotros, a menos de que con la boca pronunciéis palabras inteligibles, ¿cómo se sabrá lo que decís? Pues hablaréis al aire. Hay, quizás, muchas variedades de idiomas en el mundo, y ninguno carece de significado. Pues si yo no sé el significado de las palabras, seré para el que habla un extranjero, y el que habla será un extranjero para mí. Así también vosotros, puesto que anheláis dones espirituales, procurad abundar en ellos para la edificación de la iglesia" (14:9-12).

Aunque un predicador provea un mensaje muy espiritual desde el altar, si la congregación no lo entiende y no puede digerirlo, no tiene valor verdadero. Será algo similar a mostrar una pintura preciosa a una persona que padece de una grave discapacidad visual, hacer un sonido para alguien que no puede escucharlo, o dar conferencias a los niños de primaria con el contenido de un curso a nivel universitario. Si los creyentes no comprenden los contenidos del mensaje predicado, solo será un ruido sin sentido en el aire y no será de ningún provecho para ellos. Algo muy similar a esto es el escuchar el lenguaje de las lenguas; si no se lo entiende, no beneficia en absoluto al escucharlo.

Pablo dijo: "...puesto que anheláis dones espirituales". Los dones espirituales son las responsabilidades asignadas por Dios y cada don que proviene de Él es por Su gracia.

Debemos pedir por todas las cosas en abundancia en la gracia de Dios y cumplir con nuestras responsabilidades. Hacer esto es la manera en la que podemos agradar a Dios aún más. Por ende, no debemos sentirnos cargados si tenemos muchas responsabilidades que cumplir en la iglesia, sino que debemos pedir por más. No obstante, todo se tiene que hacer dentro del marco de la búsqueda del amor.

La oración en lenguas no puede hacer que el corazón produzca fruto

"Por tanto, el que habla en lenguas, pida en oración para que pueda interpretar. Porque si yo oro en lenguas, mi espíritu ora, pero mi entendimiento queda sin fruto" (14:13-14).

En este caso, no debemos pensar que todo aquel que habla en lenguas debe pedir el don de interpretación de lenguas. Este verso está en conexión con 1 Corintios 14:1, que dice: *"Procurad alcanzar el amor"*. El Espíritu Santo conmueve el corazón de aquellos que tienen amor espiritual para que pidan el don de interpretación. Lo mismo sucede con otros dones; el Espíritu Santo moverá nuestro corazón para pedir por varios dones en la medida en que hayamos cultivado el amor espiritual en nosotros.

El verso 14 dice: "Porque si yo oro en lenguas, mi espíritu ora, pero mi entendimiento queda sin fruto". Algunas personas malinterpretan este verso y se causan ciertos problemas.

Para que podamos sumergirnos en los niveles espirituales, debemos orar. Nos convertiremos en personas espirituales al abstenernos de las cosas de la carne a través de la oración. Necesitamos hablar en lenguas para orar. El acto de hablar en lenguas ayuda a que nuestra oración nos fortalezca para ir a los niveles espirituales.

Claro está que esto no significa que no podemos ir a los niveles espirituales en absoluto si es que no hablamos en lenguas.

Aquel que ha recibido el Espíritu Santo entiende la verdad con la ayuda del Espíritu Santo, y ya que este entendimiento se ha convertido en su alimento espiritual, llegará a convertirse en un hombre del espíritu. El Espíritu Santo conoce todo acerca de nosotros; nuestras deficiencias, las cosas por venir y la esperanza por la vida venidera. El Espíritu Santo conoce también la voluntad de Dios.

En este caso, no debemos pensar que por haber recibido el Espíritu Santo y tener un espíritu vivo, ya podemos conocer el corazón y la voluntad de Dios por completo.

Por ejemplo: los niños pequeños dicen que conocen a su madre y padre, pero lo que conocen es solo el hecho de que son sus padres, quienes les dieron nacimiento. Por otro lado, los niños más grandes comprenden a sus padres porque conocen cosas acerca de ellos. Conocen cuál es su lugar de nacimiento, cuánta educación han recibido, cuántos años tienen, y en cierta medida conocen qué tipo de personalidad tienen.

De igual manera, entendemos el corazón y la voluntad de Dios en la medida en que nos convertimos en hombres del espíritu. Nuestro espíritu no conoce simplemente estas cosas por sí solo, sino que llega a conocerlas con la ayuda del Espíritu Santo en la medida en la que nos equipamos con la verdad.

Supongamos que hemos aprendido una fórmula matemática en la escuela. La profesora puede ayudarnos cuando intentamos aplicar la fórmula para solucionar otros problemas. Sin embargo, ella puede ayudarnos solo cuando conocemos la fórmula. Si no la conocemos, ella no nos podrá ayudar de manera eficaz. Aunque nos indiquen la respuesta completa, no podremos comprenderla.

¿Por qué es que, al orar en lenguas, nuestra mente queda sin fruto?

Cuando oramos en lenguas, no lo hacemos por los deseos que tenemos en nuestra mente. Cuando oramos con el corazón, clamamos por lo que necesitamos en nuestras vidas, como son las necesidades básicas, la sanidad de una enfermedad o la solución a un problema en el negocio. Esta es la oración del corazón que clama por las cosas que nuestro corazón desea. Por otro lado, el espíritu no clama por esas cosas.

La oración en lenguas no intercede por una casa para

nosotros o tampoco por la sanidad de una enfermedad. Nuestro espíritu no clamaría a Dios por pan, aunque tuviéramos hambre.

De hecho, no sabríamos si el espíritu en nosotros oró por alimento o no aunque hayamos orado en lenguas todo el día. Debido a que nosotros no sabemos por qué cosas oramos, no podemos producir el fruto de nuestros deseos del corazón.

La oración en lenguas simplemente ayuda a que nuestra alma prospere. En lugar de pedir por pan, es más urgente para nuestra alma su prosperidad porque todo irá bien con nosotros si nuestra alma prospera. Por último, todas nuestras necesidades físicas serán suplidas si nuestra alma prospera gracias a la oración en el espíritu.

¿De qué manera nos beneficia la oración en lenguas?

Antes de continuar, hagamos un resumen de los beneficios de la oración en lenguas.

Primero: nos lleva, en oración, a convertirnos en hombres espirituales.

Segundo: nos ayuda en nuestras debilidades físicas.

Si oramos en lenguas con la ayuda del Espíritu Santo, seremos llenos del Espíritu y nuestros cuerpos poco a poco se transformarán en cuerpos espirituales. Entonces podremos superar el cansancio físico. Cuando no estamos llenos del Espíritu, podemos sentirnos cansados. Por el contrario, si trabajamos para Dios mientras estamos llenos del Espíritu Santo, no sentiremos cansancio. Además está también en nosotros la naturaleza que trata de buscar solo las cosas visibles y las cosas de este mundo. Esta es la naturaleza que refuerza el acto de cometer pecados. Sin embargo, si oramos en lenguas, podemos abstenernos y vencer las características carnales.

Tercero: ayuda a que se abran nuestros ojos espirituales, nos da la llenura del Espíritu y mantiene puro nuestro cuerpo.

Nosotros tenemos la tendencia a vivir en las tinieblas si nuestros ojos espirituales no se abren. Si cometemos pecados no podemos mantener nuestro cuerpo puro e irreprensible. No obstante, si nos convertimos en hombres del espíritu a través de la oración en lenguas, nuestros ojos espirituales se abrirán y en esa medida podremos guardar nuestro cuerpo puro e irreprensible.

Cuarto: nos ayuda a saber las cosas por venir.

Si somos llenos del Espíritu gracias a la oración ferviente mientras vivimos en la Palabra de Dios, también podremos ver las cosas por venir. Por ejemplo: supongamos que estamos yendo a algún lado, pero de repente nos sentimos nerviosos y tenemos urgencia por regresar. Al llegar nos enteramos de que algunas cosas desafortunadas han ocurrido en el lugar al que estábamos yendo.

Así también, supongamos que usted está esperando el autobús, y cuando este llega, usted siente que no debe abordarlo. Entonces espera el siguiente bus y más tarde observa en el camino que el bus anterior se ha visto involucrado en un accidente de tránsito. En maneras como estas es posible evitar tales accidentes y desgracias, al estar en la plenitud del Espíritu Santo quien permite que nuestra alma prospere en todas las cosas.

Quinto: nos ayuda a comunicarnos con Dios con mayor claridad.

Mientras más nos convertimos en hombres del espíritu, mejor podremos comunicarnos con Dios. Los niños pequeños solamente pueden recibir amor de parte de sus padres, pero los niños más grandes comprenderán el corazón de sus padres y los complacerán. De igual manera, podemos ir tras la voluntad de Dios de modo más completo al alcanzar una comunicación más clara con Él por medio de la oración en lenguas.

Sexto: nos llena de esperanza por la vida venidera y de fe.

Supongamos que dos personas empiezan a asistir a la iglesia

el mismo día. Una de ellas pronto recibe el don de la oración en lenguas y ora mucho mientras que la otra persona acude a la iglesia sin tener una experiencia espiritual.

Si comparamos estas dos personas después de un año, aunque ambas hayan asistido a los servicios juntas y hayan orado juntas, la que ora en lenguas tendrá más esperanza por el reino celestial y una fe mucho mayor. Esto se debe a que ella habrá recibido la llenura del Espíritu Santo y varios beneficios gracias a la ayuda del Espíritu Santo mientras ora en lenguas.

> **"Entonces ¿qué? Oraré con el espíritu, pero también oraré con el entendimiento; cantaré con el espíritu, pero también cantaré con el entendimiento" (14:15).**

La oración en lenguas sin entendimiento no permite que el corazón lleve fruto. Además, aunque oremos con el corazón y el entendimiento, quizás no recibamos respuesta si nuestra alma no es próspera. En este tipo de situación, podemos confundirnos y no saber qué hacer. El apóstol Pablo provee una buena respuesta para esta pregunta ante este tipo de situación.

Es decir, se trata de la oración, tanto con el entendimiento como con el espíritu. Por lo general, si oramos tan solo con la mente y nuestros pensamientos, no podremos orar por un período extendido de tiempo. Es posible que los que no están acostumbrados a orar no puedan pensar en muchas cosas por las cuales orar. Entonces, cuando sucede esto, pueden orar en el espíritu. Cuando oramos en el espíritu, debemos despojarnos de los pensamientos ociosos y concentrarnos únicamente en la oración en lenguas. Después de algún tiempo quizás comencemos a orar nuevamente según los pensamientos de nuestra mente. Cuando podamos sentir que nos es difícil continuar, podemos orar en lenguas otra vez. Podemos intercalar los períodos de oración con el corazón y mente, y períodos de oración en lenguas en el espíritu.

Cantar con el espíritu y cantar con el entendimiento

A continuación dice: "...cantaré con el espíritu, pero también cantaré con el entendimiento". Cantar con el espíritu y cantar con el entendimiento son dos cosas distintas. En este caso, cantar es elogiar con una melodía la belleza y poder de Dios expresando nuestra gratitud a Él.

Al avanzar a un nivel de oración en lenguas mucho más profundo, quizás comencemos a cantar en lenguas por la inspiración del Espíritu Santo. Por lo general diremos: "Te ofrezco mi alabanza, eterno Dios. Me regocijo y te agradezco a Ti".

Durante mis días en el seminario teológico, solía orar toda la noche en la iglesia a la que asistía. En aquel entonces, yo solía comenzar a cantar en el espíritu por la inspiración del Espíritu Santo y mi cuerpo también se movía al son de la alabanza. Mis manos se levantaban sin que yo lo pensara siquiera, y a veces comenzaba a danzar.

Si uno se sumerge en niveles más profundos del canto en el espíritu, comenzará a danzar por inspiración del espíritu, y si uno se sumerge en niveles todavía más profundos, comenzará a hablar en las lenguas de poder. Supongamos una situación en la que usted resulta ser asaltado por un ladrón. Entonces, inmediatamente empieza a hablar en esta 'lengua de poder'. Satanás se alejará por esta lengua y las manos del ladrón quizás se paralizan por un momento o puede cambiar de parecer e irse de modo que usted no sufra ninguna desgracia o daño. El reino espiritual es infinito.

El apóstol Pablo oraba mucho en lenguas

"De otra manera, si bendices sólo en el espíritu, ¿cómo dirá el Amén a tu acción de gracias el que ocupa el lugar del que no tiene ese don, puesto que no sabe lo que dices? Porque tú das gracias bien, pero el otro no es edificado. Doy gracias a Dios porque hablo en lenguas más que todos vosotros; sin embargo, en la iglesia prefiero hablar cinco palabras con mi entendimiento, para instruir también a otros, antes que diez mil palabras en lenguas" (14:16-19).

La oración en el espíritu hace que nuestra alma prospere, pero no significa que no estaremos intercediendo por los demás en absoluto al orar en lenguas. Sin embargo, aunque oremos por los demás, no podrán entender si no hay interpretación, de modo que no les será de edificación ni beneficio. Asimismo, cuando nuestro espíritu ora por la bendición de alguien más, esa persona no puede entender ni aceptar con un 'amén', y tampoco podrá dar gracias por ello.

No obstante, esto no significa que no debemos orar en lenguas. Aun así, debemos orar mucho en lenguas porque es de beneficio para nuestro espíritu, a pesar de que nuestro entendimiento no tendrá fruto.

El apóstol Pablo oró en lenguas más que los demás. Algunas personas no comprenden el capítulo 14 de 1 Corintios, por lo que enseñan que no debemos hablar en lenguas porque no nos es de provecho. Por haber esta posibilidad de causar este tipo de confusión, el apóstol Pablo mencionó que debemos orar mucho en lenguas, diciendo: "Doy gracias a Dios porque hablo en lenguas más que todos vosotros".

Al decir esto él se refiere a que él oró en lenguas con mayor peso, de modo más profundo y a un nivel muy superior que cualquiera de los miembros de la iglesia de Corinto, y que lo hizo también en mayor cantidad. Pablo dice que daba gracias a Dios porque oraba mucho en lenguas, tanto en términos de cantidad como de calidad.

Para prevenir que cualquiera malentendiera esto diciendo: "Debo orar solo en lenguas al igual que el apóstol Pablo", él se refirió a este asunto. Dijo que era mucho mejor hablar cinco palabras con entendimiento para poder instruir a los demás, antes que diez mil palabras en lenguas.

Supongamos que predico solamente en lenguas pero no en un lenguaje común. La congregación podrá entenderlo solo si existe la interpretación. El mensaje será completamente inservible si no existe la interpretación de las lenguas. Por consiguiente, debemos orar mucho, tanto con el entendimiento como con las lenguas.

Comparación entre lenguas y profecía

"Hermanos, no seáis niños en la manera de pensar; más bien, sed niños en la malicia, pero en la manera de pensar sed maduros" (14:20).

¿En qué se diferencia la sabiduría de un niño de tres años y la de un joven de veinte años?

Un niño de tres años, incluso los niños de escuela en general, en realidad no pueden entender los mensajes espirituales. Por consiguiente, debemos ser maduros en sabiduría, y no como niños. Por el contrario, en el caso de la sabiduría de la falsedad, es mejor ser como niños en lo que respecta a comprensión. Es a esto que se refiere cuando dice: "...sed niños en la malicia".

A medida que crecen los niños, ellos se manchan con la maldad. La maldad en ellos cuando tienen dos años es diferente a la que tienen a la edad de cinco años; también es diferente cuando tienen 10 años y cuando tienen 20 años. Mientras van creciendo, acumulan más maldad. Por lo tanto, debemos llegar a ser como niños en la maldad.

Claro está que esto no significa que los bebés no tienen maldad en absoluto; ellos también tiene el pecado original heredado de sus padres. Sin embargo, los pequeños bebés todavía son puros y obedecen a sus padres relativamente bien.

Nosotros también debemos convertirnos como niños en la malicia y obedecer la Palabra de Dios. Al mismo tiempo, debemos comenzar a sacar de nuestro ser las falsedades y la maldad que hemos aprendido durante nuestro crecimiento.

Al escuchar la Palabra de la Verdad y comenzar a despojarnos de la maldad, la ley de nuestra carne y la ley del Espíritu Santo pelean entre ellas y sentimos que es difícil. Ante esta situación existe una manera fácil de evitar la lucha; se trata simplemente de obedecer la Palabra de Dios tal como es y abstenernos de la maldad de ese modo. Nosotros tenemos luchas porque no hacemos esto.

Supongamos que usted está tratando de dejar de beber, pero todavía tiene persistentes apegos a sus viejos amigos con los que bebía. También piensa que posiblemente va a tener problemas en el negocio si no bebe por el compromiso social con supervisores y colegas, y cree que tendrá problemas para asociarse con sus colegas u otros amigos en el mundo. Por excusas como estas usted no puede dejar de beber, por causa de sus apegos persistentes.

Si en realidad toma la decisión de seguir la verdad y agradar a Dios, el Espíritu Santo lo ayudará y no tendrá ninguna dificultad para dejar de beber. Todo depende de cuán firme sea su decisión. Lo mismo ocurre con todos los demás tipos de pecados.

En Proverbios 9:10 dice: *"El principio de la sabiduría es el temor del Señor..."*. ¿Por qué el temor del Señor es el principio de la sabiduría? Si usted teme y tiene reverencia por alguien, podrá confiar en su palabra y obedecerla. De la misma manera, si teme a Dios podrá confiar en Él y obedecer. Al guardar Sus mandamientos de este modo, podrá abstenerse de la falsedad y en su lugar pondrá la verdad en su ser para poder santificarse.

Como lo dice Santiago 3:17: *"Pero la sabiduría de lo alto es primeramente pura..."*, la primera condición para tener sabiduría es la pureza, que es la santificación. Si usted es santificado, recibirá sabiduría de lo alto; esa es la razón por la que el temor del Señor es el principio de la sabiduría. Además Pablo no nos dice que seamos niños en sabiduría de lo alto, sino niños en la malicia.

¿Por qué son las lenguas una señal para los no creyentes?

"En la ley está escrito: Por hombres de lenguas extrañas y por boca de extraños hablare a este pueblo, y ni aun asi me escucharan, dice el Señor. Así que las lenguas son una señal, no para los que creen, sino para los incrédulos; pero la profecía es una señal, no para los incrédulos, sino para los creyentes" (14:21-22).

En este caso, al hablar de "este pueblo" se refiere a los que han endurecido su corazón (Isaías 28:10-12). En la actualidad hay también muchas personas que no escuchan porque han endurecido su corazón; las 'lenguas' son una señal para estas personas.

Sin embargo, no debemos malentender esta afirmación pensando que el hablar en lenguas es solo para los no creyentes. En este caso, los 'no creyentes' son aquellos entre los creyentes que no creen. Asisten a la iglesia pero no creen por completo y tienen dudas en su mente. Han recibido el Espíritu Santo, pero su fe tambalea y no crece. Estos son los que tienen fe únicamente como conocimiento. El acto de hablar en lenguas es para estas personas.

Si estas personas reciben el don de lenguas y diligentemente oran en lenguas, su fe también puede crecer. Es por eso que el don de lenguas es una señal para los no creyentes.

Se dice que la profecía no es para los no creyentes sino para los creyentes. ¿Por qué es así? A medida que crece nuestra fe, anhelamos la profecía cada vez más. Podemos sumergirnos en niveles más profundos del espíritu y ser más llenos del Espíritu si recibimos la profecía. El don de profecía nos permite comprender cosas que no hemos entendido antes. Los que tienen fe obedecerán la profecía para poder sumergirse a niveles más profundos del espíritu. De este modo, la profecía beneficia a los creyentes.

"Por tanto, si toda la iglesia se reúne y todos

hablan en lenguas, y entran algunos sin ese don o son incrédulos, ¿no dirán que estáis locos?" (14:23).

Los miembros de la iglesia se reúnen y juntos hablan en lenguas, y los que no han recibido el don, así como los no creyentes, no entienden nada. Entonces ellos pueden pensar que han llegado al lugar equivocado.

Por consiguiente, debemos ejercitar el dominio propio también en nuestra fe cristiana para que no causemos persecución innecesaria sobre nosotros. Además debemos permitir que los nuevos creyentes entiendan bien estas cosas para que la difusión del evangelio no se vea afectada ni se detenga.

El beneficio de la profecía

"Pero si todos profetizan, y entra un incrédulo, o uno sin ese don, por todos será convencido, por todos será juzgado; los secretos de su corazón quedarán al descubierto, y él se postrará y adorará a Dios, declarando que en verdad Dios está entre vosotros" (14:24-25).

La profecía es una señal para los incrédulos, pero también es de beneficio para los creyentes; esto es lo bueno de la profecía.

Por medio de la profecía, cada uno puede recibir la palabra de consejo o exhortación exacta y precisa, de modo que pueda comprender que Dios en realidad existe. Además, los que han tenido un corazón bueno, incluso un poco, pensarán: "¿Cómo es que conoce mi corazón tan bien? ¡Dios debe estar con él!"; lo pensarán al escuchar la profecía. Podrán arrepentirse y aceptar a Jesucristo.

Para poder entender la profecía, debemos considerar dos aspectos: los creyentes y los incrédulos. No todos reconocerán a Dios y llegarán al arrepentimiento cuando escuchen la profecía. Cuando Esteban señaló los pecados de la gente malvada, lo apedrearon hasta la muerte (Hechos 7). Los que tienen un buen corazón se arrepentirán, pero los malvados criticarán al escuchar la profecía.

Al profetizar hay puntos positivos y negativos: las personas malvadas perseguirán a los profetas mientras las personas buenas reconocerán la existencia de Dios y los creyentes crecerán rápidamente en su fe.

Que todo se haga para edificación

"¿Qué hay que hacer, pues, hermanos? Cuando os reunís, cada cual aporte salmo, enseñanza, revelación, lenguas o interpretación. Que todo se haga para edificación" (14:26).

En una iglesia hay muchos tipos de reuniones, tales como los servicios de adoración, grupos celulares y reuniones de oración. Cuando nos reunimos en el Señor, cantamos alabanzas a Dios y enseñamos la Palabra. También se dan revelaciones y algunos hablan en lenguas.

Todo esto se hace por la voluntad y los mandamientos de Dios. Entonces, cuando nos reunimos, debemos tener todo: alabanzas, palabra, revelación, lenguas e interpretación de lenguas. No debemos tener solo una o dos de estas cosas; debemos tener todas y que todo se haga para edificación. Este verso se da para que los dones de Dios puedan ser usados con orden de modo que no causemos ninguna confusión.

El acto de hablar en lenguas ya se explicó anteriormente. Permítame hablar brevemente acerca de la revelación.

¿Qué es la revelación?

En la actualidad, si un pastor dice que ha recibido una revelación, la mayoría de personas dicen que el pastor está equivocado y que no se debería ir a su iglesia. Esto se da por falta de conocimiento de la Palabra de Dios.

El Diccionario en línea de Merriam-Webster define el término "revelación" como algo que le es dado a conocer a los seres humanos por parte de Dios.

Los que aceptan a Jesucristo reciben el Espíritu Santo y lo que este les hace saber se conoce como revelación. En Romanos 8:14 dice: *"Porque todos los que son guiados por el Espíritu de Dios, los tales son hijos de Dios"*. Por lo tanto, los creyentes naturalmente se comunican con Dios en espíritu y reciben Su inspiración.

El apóstol Pablo dice: *"Pues quiero que sepáis, hermanos, que el evangelio que fue anunciado por mí no es según el hombre. Pues ni lo recibí de hombre, ni me fue enseñado, sino que lo recibí por medio de una revelación de Jesucristo"* (Gálatas 1:11-12). El evangelio que él predicaba no le era enseñado por ninguna persona o libro, sino que era la revelación de Jesucristo.

En Mateo 11:27, Jesús dice: *"Todas las cosas me han sido*

entregadas por mi Padre; y nadie conoce al Hijo, sino el Padre, ni nadie conoce al Padre, sino el Hijo, y aquel a quien el Hijo se lo quiera revelar".

Apocalipsis 1:1-3 describe: *"La revelación de Jesucristo, que Dios le dio, para mostrar a sus siervos las cosas que deben suceder pronto; y la dio a conocer, enviándola por medio de su ángel a su siervo Juan, el cual dio testimonio de la palabra de Dios, y del testimonio de Jesucristo, y de todo lo que vio. Bienaventurado el que lee y los que oyen las palabras de la profecía y guardan las cosas que están escritas en ella, porque el tiempo está cerca".*

Todas las cosas en los Cielos y en la Tierra fueron creadas en el nombre de Jesucristo, y la revelación también la da Jesucristo. Es por eso que el Señor es el Rey de reyes y Señor de señores.

Significado de "todos los profetas y la ley profetizaron hasta Juan".

Algunos sostienen que la Biblia dice que la revelación terminó con Juan el Bautista, y que por eso no podemos recibir revelación en la actualidad. No obstante, esto se da porque no han entendido el siguiente verso en Mateo 11:13 que dice: *"todos los profetas y la ley profetizaron hasta Juan"*. Aquí no se menciona la 'revelación', sino la 'profecía'. Por lo general, la profecía consiste en proclamar algo acerca del futuro, pero la profecía mencionada en Mateo 11 no significa eso. ¿Qué significa, entonces?

El Antiguo Testamento es un registro acerca de nuestro

Salvador Jesús quien iba a venir. Los israelitas anhelaban mucho que el Mesías apareciera, y todos los profetas profetizaron hasta Juan el Bautista, que el Mesías, Jesús el Salvador, vendría para salvarnos.

En Hebreos 10:1 está escrito: *"Pues ya que la ley sólo tiene la sombra de los bienes futuros y no la forma misma de las cosas..."*. Jesús también dijo en Juan 5:39: *"Examináis las Escrituras porque vosotros pensáis que en ellas tenéis vida eterna; y ellas son las que dan testimonio de mí"*.

Por lo tanto, la profecía se acabaría con Juan el Bautista, quien preparó el camino para el Señor, el Salvador venidero. No obstante, no debemos malentender el verso anterior y pensar que no podemos recibir revelación en la actualidad.

En Efesios 3:3 leemos: *"...que por revelación me fue dado a conocer el misterio, tal como antes os escribí brevemente"*. Nosotros podemos ver el futuro gracias a la revelación. Amós 3:7 dice también: *"Ciertamente el Señor Dios no hace nada sin revelar su secreto a sus siervos los profetas"*. Dice que ciertamente Dios mostrará a Sus siervos e hijos amados las cosas por venir.

Jesucristo es el mismo, 2 000 años atrás y hoy (Hebreos 13:8). Además, el Nuevo Testamento consiste en la era en la que hemos sido perdonados de nuestros pecados y podemos conocer acerca de Dios y comunicarnos con Él claramente gracias a las obras del Espíritu Santo. Podemos transmitir correctamente la voluntad y el deseo de Dios cuando recibimos revelación de Su parte a través de la comunicación con Él.

"Si alguno habla en lenguas, que hablen dos, o a lo más tres, y por turno, y que uno interprete; pero si no hay intérprete, que guarde silencio en la iglesia y que hable para sí y para Dios" (14:27-28).

Cuando se habla en lenguas, dos o tres deben recibir la interpretación al mismo tiempo. No obstante, Pablo no les dijo que no hablen en lenguas si no hay intérprete, sino que lo hicieran únicamente para Dios. Pablo les dijo que se mantuvieran en silencio en la iglesia porque no deben hablar en lenguas descuidadamente en cualquier lugar, sino que siguieran el orden y la armonía.

Mientras están orando en silencio, si alguien habla en lenguas, quizás cause distracción. Además no se debe hablar en lenguas por sí mismo durante el servicio de adoración. Cuando el que dirige el servicio comunica la petición de oración, por ejemplo, para orar por la construcción de la iglesia, hay que orar por eso en acuerdo. Orar en lenguas por sí solo no será de edificación en esta situación.

No obstante, en una reunión de oración y cuando todos están orando por sus peticiones personales, puede sentir la libertad de hablar en una lengua. Cuando hablamos en una lengua, debemos tener discernimiento respecto al lugar y momento en el que estamos.

Orden de la profecía

"Y que dos o tres profetas hablen, y los demás juzguen. Pero si a otro que está sentado le es revelado algo, el primero calle. Porque todos podéis profetizar uno por uno, para que todos aprendan y todos sean exhortados" (14:29-31).

Si hay muchos profetas y todos profetizan en un lado y otro, habrá mucha confusión. Cuando hay muchos que profetizan, uno debe hacerlo en un momento y los demás deben hacerlo con orden.

Mientras se está dando una profecía, los demás deben discernir la misma. Esto significa que deben discernir la profecía con la Palabra de Dios porque esta puede ser incorrecta y proveniente de Satanás.

Si alguien más recibe revelación mientras usted profetiza, debe escuchar con atención ya que la paciencia y el dominio propio están entre los nueve frutos del Espíritu Santo, y hay solo un Espíritu Santo. Si usted continúa profetizando, se quebrantará el orden de las cosas y existirá la tendencia a crear confusión. No debe tratar de profetizar por sí mismo; cada uno puede profetizar en un momento, y si la palabra profética se ha dado para diversas personas, puede dar a cada una su profecía de manera individual.

"Los espíritus de los profetas están sujetos a los

profetas; porque Dios no es Dios de confusión, sino de paz, como en todas las iglesias de los santos" (14:32-33).

Si otra persona recibe una profecía mientras usted está profetizando, debe controlarse inmediatamente. Los nuevos creyentes pueden recibir gracia y entender el orden en la iglesia cuando los que han recibido estos dones tienen paz y orden. Por el contrario, si quienes reciben estos dones del Espíritu ignoran el orden y actúan de modo imprudente, no podrán edificar sino solo crear confusión. Debemos cumplir con el reino y la justicia de Dios con amor y paz.

"Las mujeres guarden silencio en las iglesias": significado espiritual

"Las mujeres guarden silencio en las iglesias, porque no les es permitido hablar, antes bien, que se sujeten como dice también la ley" (14:34).

Algunos interpretan este verso de modo literal y no dan ningún derecho a hablar o ninguna posición a la mujeres de la iglesia. Sin embargo, ¿cuál es el verdadero significado espiritual de este verso?

Para entender este verso, debemos comenzar con lo básico.

En Génesis 3:16 dice: *"A la mujer dijo [Dios]: En gran manera multiplicaré tu dolor en el parto, con dolor darás a luz los hijos; y con todo, tu deseo será para tu marido, y él tendrá dominio sobre ti"*.

Cuando Dios creó primero a la mujer, Él no dijo que ella tendría que ser gobernada por el hombre sino que dijo que él tendría dominio sobre ella cuando la mujer fue maldecida. Fue la mujer la que fue engañada y comió del fruto del árbol de la ciencia del bien y del mal, y fue la mujer quien dio el fruto a su marido para causar que él pecara.

Claro está que el hombre también era un pecador debido a que comió del fruto, pero debido a que la mujer comió del fruto primero y permitió que su esposo lo comiera, su pecado fue mayor. Por causa de esta razón fundamental, en general el corazón de la mujer no es tan firme como el del hombre; ellas tienen más temor y son más frágiles que los hombres. La alegoría de la mujer se usa para explicar este significado espiritual.

Se refiere a las que viven en la falsedad

El pasaje anterior, el que dice que las mujeres guarden silencio en la iglesia, estaba destinado a aquellas personas que tienen la naturaleza de la falsedad, es decir, cosas como la imprudencia y la astucia. En este caso, las 'mujeres' no se refieren literalmente a la mujer o a los santos creyentes en Dios, sino a aquellas personas que acaban de llegar a la iglesia y que aún no se han sumergido en la verdad.

El significado espiritual de este verso es que, aquellas personas llenas de falsedad deben permanecer en silencio en la iglesia porque tienen una influencia negativa, así como la mujer que fue engañada por Satanás y causó que su esposo pecara. Pablo desea que ellas obedezcan para que se conviertan en obreros fieles e hijas de Dios reconocidas por Él.

Si estas personas no permanecen en silencio, pueden surgir

las obras de Satanás. Si aquellos que no viven según la Palabra de Dios hablan mucho en la iglesia, hablarán palabras de falsedad, criticarán a los demás y difundirán mala información. Así también, ellos malentenderán, juzgarán y condenarán a los demás con facilidad, y actuarán sin cuidado. Si este es el caso, ¿cómo podría tener paz una iglesia?

Estas personas no deben insistir en sus opiniones, sino que deben obedecer diligentemente la Palabra. Entonces la verdad los llenará y transformará, y eventualmente podrán convertirse en 'santos' reconocidos por Dios.

Los 'santos', el sagrado grupo de personas, van tras el camino de Dios y obedecen el orden de la iglesia en silencio. Como está escrito, la obediencia es mejor que los sacrificios (1 Samuel 15:22); estas personas solo obedecen a Dios siguiendo el orden y no insisten en sus propias opiniones.

Por ende, no debemos decir que las mujeres que están viviendo en la verdad deben guardar silencio en la iglesia solo porque este verso lo dice así. Como en el pasado, Dios todavía usa a las mujeres si ellas son valientes, si tienen gran fe y aman a Dios más que los hombres. Débora fue un Juez famoso, y hubo muchas otras profetizas que transmitieron el mensaje de Dios al pueblo. Lo mismo ocurre en la actualidad. Si las mujeres tienen mayor fe, ellas pueden convertirse en líderes.

"Y si quieren aprender algo, que pregunten a sus propios maridos en casa; porque no es correcto que la

mujer hable en la iglesia" (14:35).

Cuando se reúnen aquellos creyentes que están viviendo en la verdad, ellos oran, alaban a Dios, hablan con la verdad y palabras de gracia. Por otro lado, los que están viviendo en la falsedad, calumnian a otras personas y hablan en busca de su propio beneficio.

Si estas personas se juntan en la iglesia, ¿cuántos problemas y obras de Satanás causarán? Es por esto que el Señor nos está enseñando a guardar silencio con preocupación por este tipo de cosas.

Ahora, ¿a qué se refiere al decir: "si quieren aprender algo, que pregunten a sus propios maridos en casa"? ¡Este es el orden establecido en la verdad! Dios puso al hombre como cabeza de la mujer, y la cabeza del hombre es Cristo, y la cabeza de Cristo es Dios (1 Corintios 11:3). Por lo tanto, decir que la mujer debe pedir a su esposo en lo espiritual significa que deben pedir al Señor, y obedecer al esposo significa que deben obedecer al Señor.

En conclusión, este verso significa que los que no conocen todavía las cosas espirituales deben obedecer a Cristo quien es la cabeza de la iglesia. Al hacer esto, el orden en la iglesia se mantiene, los miembros pueden estar unidos y pueden cumplir con el reino y la justicia de Dios.

"Pero que todo se haga decentemente y con orden"

"¿Acaso la palabra de Dios salió de vosotros, o sólo a vosotros ha llegado? Si alguno piensa que es profeta o espiritual, reconozca que lo que os escribo es mandamiento del Señor. Pero si alguno no reconoce esto, él no es reconocido" (14:36-38).

¿Por qué Pablo dice esto aquí? Los que no se paran firmes en la verdad no sienten vergüenza de hacer alarde de sí mismos.

Esto significa que jactarse de sí mismos es en verdad algo vergonzoso. Los creyentes intentan humillarse a sí mismos, servir a los demás y dar amor. Ellos no tratan de jactarse de sí mismos. Los que sirven a los demás con generosidad y amor, serán amados por los demás. Por otro lado, los que se exaltan a sí mismos ante los demás e intentan ser servidos, solamente serán abandonados por el resto.

Por esto, el apóstol Pablo les dice a los miembros de la iglesia de Corinto que se jactaban de sí mismos, a pesar de no estar viviendo completamente en la verdad, que sintieran vergüenza de sí mismos.

El verso 37 dice: "Si alguno piensa que es profeta o espiritual, reconozca que lo que os escribo es mandamiento del Señor".

Si los miembros de la iglesia de Corinto eran profetas o espirituales, debían entender que las enseñanzas del apóstol Pablo eran la Palabra de Dios y debían obedecerlas siguiendo la verdad. Además, si en realidad sabían que se trataba de los mandamientos del Señor y los obedecían, Pablo no habría tenido que decir esto, en primer lugar. Pablo tuvo que decirlo porque ellos no obedecían.

En realidad, lo que él estaba diciendo es que no se hicieran llamar profetas porque no lo eran. Y que no se hicieran llamar espirituales, porque no lo eran. Los que eran espirituales deben haber sabido que todas las epístolas que Pablo escribió eran los mandamientos del Señor.

¿A qué se refiere cuando dice: "Pero si alguno no reconoce esto, él no es reconocido"?

Aquel que no vive de acuerdo a la Palabra de Dios, no conoce el reino espiritual. Nosotros podemos sumergirnos en un nivel espiritual únicamente cuando oramos para abstenernos del pecado y cuando vivimos de acuerdo a la Palabra de Dios. No obstante, aunque uno haya asistido a la iglesia por un largo tiempo, no conocerá el reino espiritual a menos que obedezca la Palabra y ore. ¿Cómo puede discernir alguien que no conoce las cosas espirituales?

Pues esa es la razón por la que una persona así pensaría que las epístolas de Pablo son solo cartas que contienen palabras de hombre.

"Por tanto, hermanos míos, anhelad el profetizar, y no prohibáis hablar en lenguas. Pero que todo se haga decentemente y con orden" (14:39-40).

Dios no dice que no debemos profetizar, sino que debemos tener anhelo por hacerlo. ¡Eso dice la Palabra de Dios! No obstante, en la actualidad, si alguien profetiza, algunos indiscriminadamente dicen que aquel está equivocado. Claro está que hay muchas falsas profecías, pero hay también profecías verdaderas, por lo que no podemos decir, de manera general, que todas las profecías son incorrectas. Además no debemos prohibir el hablar en lenguas. Si lo hacemos, solo será una obra de Satanás que se levanta en contra de la verdad.

En este caso, "que todo se haga decentemente" significa que todas las cosas se deben hacer con exactitud, de manera ordenada y apropiada. Dios dice que debemos profetizar de manera ordenada. Dios es un Dios de orden, paz, amor y justicia. Por lo tanto, que todo se haga decentemente, con precisión y con orden.

Capítulo 15

RESURRECCIÓN

— El Cristo Resucitado

— "Por la gracia de Dios soy lo que soy"

— Decir que no hay resurrección
de muertos

— Cristo es la primicia

— Bautismo por los muertos

— La gloria de cada uno es diferente
en el reino de los Cielos

— Resurrección de los muertos

— Todos seremos transformados
a la trompeta final

El Cristo Resucitado

"Ahora os hago saber, hermanos, el evangelio que os prediqué, el cual también recibisteis, en el cual también estáis firmes, por el cual también sois salvos, si retenéis la palabra que os prediqué, a no ser que hayáis creído en vano" (15:1-2).

Supongamos que un pastor está predicando el evangelio en su iglesia, lo que significa que él está enseñando a su redil la Palabra de verdad. El redil acepta la Palabra y crece en lo espiritual.

Supongamos que este pastor ha predicado la Palabra de Dios que nos dice que no debemos odiar sino amar a nuestros enemigos, y los miembros de la iglesia aceptan la Palabra en el corazón y se esfuerzan por no odiar. Esta predicación y la aceptación de ella con un esfuerzo por ponerla en práctica puede ser equivalente a decir "os hago saber, hermanos, el evangelio que os prediqué, el cual también recibisteis". Si las personas se despojan del odio y no aborrecen a ninguna persona, significa que han llegado a pararse en las Palabras predicadas.

El apóstol Pablo dijo que si guardamos la Palabra de Dios en nuestro corazón y la ponemos en práctica, significa que no hemos creído en vano. Si no poseemos las acciones que preceden a la aceptación, significa que estamos muertos en la fe y que hemos creído en vano.

Seremos salvos si recibimos la Palabra de Dios y nos aferramos a ella con firmeza, pero de lo contrario, no recibiremos salvación. En la actualidad algunos predican que se puede recibir salvación con solo asistir a la iglesia y claman al Señor diciendo: "Señor, yo creo". No obstante, la Biblia no apoya esta idea en absoluto. Dice que podemos recibir salvación solo cuando hacemos la voluntad del Padre celestial (Mateo 7:21).

"Porque yo os entregué en primer lugar lo mismo que recibí: que Cristo murió por nuestros pecados, conforme a las Escrituras; que fue sepultado y que resucitó al tercer día, conforme a las Escrituras" (15:3-4).

El apóstol Pablo dijo que había entregado lo que le había sido revelado por el Señor mismo. La Biblia menciona muchas veces que el Salvador vendría y moriría por nuestros pecados.

Isaías 53:4-6 dice: *"Ciertamente El llevó nuestras*

enfermedades, y cargó con nuestros dolores; con todo, nosotros le tuvimos por azotado, por herido de Dios y afligido. Mas El fue herido por nuestras transgresiones, molido por nuestras iniquidades. El castigo, por nuestra paz, cayó sobre El, y por sus heridas hemos sido sanados. Todos nosotros nos descarriamos como ovejas, nos apartamos cada cual por su camino; pero el Señor hizo que cayera sobre El la iniquidad de todos nosotros".

Este pasaje se refiere a Jesús quien llevaría todas nuestras iniquidades. Isaías 53:11 dice también: *"Debido a la angustia de su alma, El lo verá y quedará satisfecho. Por su conocimiento, el Justo, mi Siervo, justificará a muchos, y cargará las iniquidades de ellos".* Por fe somos perdonados de los pecados y justificados para convertirnos en hijos de Dios, y mientras más vivamos en la Palabra de Dios por fe, más justos llegaremos a ser.

Hay muchos pasajes bíblicos que indican que Jesús resucitaría en el tercer día. Salmos 16:10 afirma: *"Pues tú no abandonarás mi alma en el Seol, ni permitirás a tu Santo ver corrupción".*

En Mateo 12:40 leemos: *"Porque como estuvo Jonás en el vientre del monstruo marino tres días y tres noches, así estará el Hijo del Hombre tres días y tres noches en el corazón de la tierra".* En este caso, el 'corazón de la tierra' significa espiritualmente la tumba. Como está escrito, Jesús murió en la cruz un viernes, permaneció en la tumba y resucitó temprano en la mañana del domingo, al tercer día.

> "...que se apareció a Cefas y después a los doce; luego
> se apareció a más de quinientos hermanos a la vez,
> la mayoría de los cuales viven aún, pero algunos ya
> duermen; después se apareció a Jacobo, luego a todos
> los apóstoles, y al último de todos, como a uno nacido
> fuera de tiempo, se me apareció también a mí" (15:5-8).

Cefas es el discípulo de Jesús conocido como Pedro. La
Biblia dice que el Señor resucitado apareció ante Sus doce
discípulos muchas veces y luego a más de 500 hermanos. Hubo
muchos testigos que vieron el cuerpo resucitado e incorruptible
del Señor.

Algunos de ellos murieron, pero muchos aún vivían en
el tiempo en el que el apóstol Pablo estaba escribiendo esta
epístola a la iglesia de Corinto. Dice que "algunos ya duermen";
esto se refiere a los que han muerto teniendo fe en Jesucristo.
Ellos resucitarán cuando el Señor regrese en el aire, y es por eso
que Pablo no dice que están 'muertos', sino que 'duermen'.

Más adelante apareció también Jesucristo resucitado ante
Santiago. En este caso, este Santiago no es uno de los doce
discípulos, sino otra persona. Al hablar de los 'apóstoles' se
refiere a otros apóstoles, no a los doce y a Pablo.

A diferencia de hoy, había muchos apóstoles en el tiempo de
la Iglesia Primitiva. Espiritualmente un apóstol es una persona

que ha sido completamente transformada por la verdad. Es alguien que puede obedecer la voluntad de Dios hasta la muerte, y que puede cumplir su responsabilidad. Dios le da Su poder para manifestar señales y prodigios de modo que pueda predicar el evangelio con poder.

Un bebé que nace prematuro no tiene las funciones ni el peso corporal apropiado comparado con los bebés normales. Pablo se humilló a sí mismo diciendo que era como un 'nacido fuera de tiempo', o un niño prematuro. Cuando él era 'Saulo', pensaba conocer a Dios, pero no tenía la fe apropiada en Él. Amaba a Dios con todas sus fuerzas y guardaba toda la Ley del Antiguo Testamento, pero ya que jamás había tenido la experiencia de conocer al Señor Jesús, trató de arrestar y perseguir a los cristianos. Pablo se refiere a esto con humildad al decir que es como un 'nacido fuera de tiempo'.

"Por la gracia de Dios soy lo que soy"

"Porque yo soy el más insignificante de los apóstoles, que no soy digno de ser llamado apóstol, pues perseguí a la iglesia de Dios" (15:9).

El apóstol Pablo fue el mayor entre los apóstoles. En Hechos 19:12 se nos dice que Él revivía a los muertos y que cuando se llevaban a los enfermos los paños o delantales de su cuerpo, las enfermedades se iban de ellos, y los espíritus malos salían. ¿Por qué dijo el apóstol Pablo que él era el menor de los apóstoles?

Antes de convertirse en un apóstol, él perseguía a los creyentes en Jesucristo. Al recordar su pasado, él se sentía tremendamente avergonzado, y esa es la razón por la que dijo que era el 'menor' entre los apóstoles.

Él no dijo que no era un apóstol, sino que era el menor de ellos, lo que expresa su pesar y arrepentimiento por su pasado. Al decir esto, se refleja su humildad.

"Pero por la gracia de Dios soy lo que soy, y su gracia para conmigo no resultó vana; antes bien he trabajado mucho más que todos ellos, aunque no yo, sino la gracia de Dios en mí. Sin embargo, haya sido yo o ellos, así predicamos y así creísteis" (15:10-11).

Podemos trabajar para Dios porque Él nos da gracia. Podemos orar mucho, ayunar y predicar el evangelio porque Él nos da gracia y fortaleza. Podemos hacerlo con nuestras propias fuerzas. Dios nos da Su gracia cuando nos esforzamos.

Lo mismo ocurre cuando nos abstenemos del pecado. Si pudiéramos despojarnos de los pecados con nuestras propias fuerzas, entonces Jesús no habría derramado Su sangre por nosotros. No podemos abstenernos ni siquiera del pecado más pequeño con nuestras propias fuerzas. Cuando tratamos de abstenernos del pecado por medio de la oración, podemos hacerlo mediante la gracia y fortaleza otorgada por Dios y con la ayuda del Espíritu Santo. Es la sangre del Señor la que nos limpia de nuestros pecados.

El apóstol Pablo trabajó más que todos los demás apóstoles; con diligencia predicó el evangelio y por medio de sus tres viajes misioneros él estableció iglesias en todo lado al que iba. Padeció todo tipo de persecución y burla y fue incluso llamado el cabecilla de una secta. Su vida se vio amenazada muchas veces; fue azotado y encarcelado, pero a pesar de todo, predicó el evangelio.

No obstante, él dice que fue todo por la gracia de Dios que estaba con él. Los que tienen fe reconocerán la gracia de Dios. Después de trabajar mucho, orar fervientemente y predicar el evangelio, darán a Dios toda la honra.

En Proverbios 3:6, la Biblia nos dice que *"reconozcamos a Dios en todos nuestros caminos"*. No podemos salvar a ninguna alma con nuestras fuerzas; no podemos lograrlo simplemente porque poseemos mucho conocimiento, fama o poder social. Dios se regocija y nos da gracia en la medida en que oramos y nos esforzamos con fe. Esa es la manera en la que podemos producir fruto de salvación de almas. Este tipo de obra será nuestra recompensa celestial.

El apóstol Pablo y todos los demás apóstoles, y muchos siervos de Dios, se esforzaron y predicaron diligentemente el evangelio de este modo. A través de su obra, muchas personas llegaron a creer en el camino de la cruz y en la resurrección, y en la Segunda Venida del Señor.

Decir que no hay resurrección de muertos

"Ahora bien, si se predica que Cristo ha resucitado de entre los muertos, ¿cómo dicen algunos entre vosotros que no hay resurrección de muertos?" (15:12)

El apóstol Pablo les ha venido enseñando cómo vivir una vida de fe y acerca del orden en la iglesia y los dones del Espíritu. Debemos tener fe y esperanza de resurrección para que podamos cumplir bien nuestras responsabilidades. Es por eso que en el capítulo 15, Pablo menciona la fe y la resurrección.

En ese tiempo, hubo algunas personas que decían que el Señor no había resucitado, porque no podía ocurrir algo así. Los fariseos creían también en el 'espíritu', pero los saduceos no creían; pensaban que todo llegaría a su fin en la culminación de la vida física.

En la actualidad, muchos creyentes piensan que la vida en este mundo es todo. Sin embargo, no pueden negar con certeza ni sinceridad la existencia de la vida por venir ni del juicio, así que sienten temor cuando cometen pecados. No obstante, si continúan cometiendo pecados, su corazón se endurecerá cada vez más y el poco temor que sienten desaparecerá. Entonces les será muy difícil aceptar a Jesucristo aunque se les predique el evangelio.

"Y si no hay resurrección de muertos, entonces ni siquiera Cristo ha resucitado; y si Cristo no ha resucitado, vana es entonces nuestra predicación, y vana también vuestra fe. Aún más, somos hallados testigos falsos de Dios, porque hemos testificado contra Dios que El resucitó a Cristo, a quien no resucitó, si en verdad los muertos no resucitan" (15:13-15).

El Señor vino a este mundo para redimirnos de los pecados y darnos vida eterna a través de Su resurrección. Si Él no hubiese resucitado, no podríamos resucitar tampoco. Podemos comprender al Señor resucitado en base a la Biblia, y la historia humana también prueba este hecho.

Sabemos quiénes fueron los discípulos de Jesús. La noche anterior a Su crucifixión, todos huyeron por temor. Incluso Pedro, quien se supone era el más valiente entre los doce, negó a Jesús tres veces diciendo que no lo conocía.

¿De qué manera cambiaron ellos una vez que fueron testigos de la resurrección del Señor? Valientemente predicaron el evangelio sin temor, ni siquiera ante persecución extrema.

Ellos fueron decapitados, crucificados, e incluso arrojados al aceite hirviendo. Cambiaron drásticamente porque habían sido testigos de la resurrección del Señor. De primera mano, vieron las heridas en sus manos y en el costado del Señor que resucitó. El evangelio que predicaron después evangelizó al imperio romano y se difundió por todo el mundo.

Si Cristo no hubiera resucitado, nosotros seríamos los insensatos. Nuestra predicación no tendría sentido y solo seríamos falsos testigos. Sin embargo, dado que la resurrección es un hecho, no somos insensatos y todas nuestras obras no carecen de sentido.

Si no hubiera resurrección, Dios no habría resucitado a Jesucristo. Dios lo hizo para que todo aquel que cree en Jesucristo y muere también pueda resucitar y entrar en el reino de los Cielos.

"Pues si los muertos no resucitan, entonces ni siquiera Cristo ha resucitado; y si Cristo no ha resucitado, vuestra fe es falsa; todavía estáis en vuestros pecados. Entonces también los que han dormido en Cristo han perecido. Si hemos esperado en Cristo para esta vida solamente, somos, de todos los hombres, los más dignos de lástima" (15:16-19).

Los que se llaman cristianos verdaderos, con entusiasmo predican el evangelio, sirven en la iglesia, se esfuerzan mucho en el trabajo y dan sus diezmos y ofrendas de gratitud. Se esfuerzan por no ser amigos del mundo sino por vivir una vida de santidad. Ellos no se van de paseo los domingos, sino que van a la iglesia para adorar a Dios. Por tanto, si no se hubiera dado la resurrección del Señor, ¡cuán insensatas serían todas estas cosas!

Así también, aunque nuestros pecados nos son perdonados, ¿de qué serviría si no hubiera resurrección? No obstante, gracias a que la resurrección del Señor es un hecho certero, nada de esto es insensato. De hecho, los insensatos son aquellos que no creen en Dios y piensan que esta vida terrenal lo es todo.

Es por eso que Dios dice que la sabiduría de este mundo es necedad (1 Corintios 3:19). Con la sabiduría, conocimiento, teorías y pensamientos del mundo, no se puede creer en la resurrección del Señor Jesús. Es por eso que Dios nos dice que rompamos todas nuestras teorías y pensamientos.

Nosotros debemos ser dignos de lástima si nuestra vida termina en este mundo. Por lo tanto, dado que la gente incrédula de este mundo cree que esta vida lo es todo, piensan que los creyentes son aquellos de quienes se debe tener lástima.

No obstante, en este caso solo están haciendo un juicio con su propio conocimiento y pensamientos. Cuando esta vida transitoria termine, el mundo perpetuo y la vida eterna se desplegarán ante nuestros ojos.

Cristo es la primicia

"Mas ahora Cristo ha resucitado de entre los muertos, primicias de los que durmieron. Porque ya que la muerte entró por un hombre, también por un hombre vino la resurrección de los muertos" (15:20-21).

Todos los descendientes de Adán, el primer hombre, están 'muertos'. Aunque sus cuerpos están vivos, eventualmente perecerán e irán al Infierno eterno, y es por eso que están muertos. Aunque parece que viven, están muertos en lo espiritual y ante los ojos de Dios también están muertos.

Sin embargo, los que mueren con fe en Jesucristo quien resucitó, revivirán en los tiempos finales y esa es la razón por la que se dice que estas personas 'duermen'. Jesucristo es la primicia de la resurrección de estas personas que 'duermen'.

El pasaje anterior dice que la muerte entró por un hombre. El pecado llegó al hombre por causa de la desobediencia de Adán; él fue maldecido y expulsado del Huerto del Edén. En Romanos

6:23 leemos que la paga del pecado es la muerte. Todos los descendientes de Adán nacieron con el pecado original heredado de parte de sus ancestros y ellos mismos cometen pecados en sus vidas. Esos pecadores que tienen el pecado original y sus 'propios pecados', serán lanzados al Infierno.

Dado que la paga del pecado es la muerte, alguien tuvo que pagar por nuestros pecados para que pudiéramos ser resucitados. Esto tiene una relación directa con la ley de la redención de la tierra en Israel, lo que encontramos en Levítico 25:23-28. En estos versos, la 'tierra' se refiere al hombre. En Génesis 3:19-23 leemos que el hombre fue hecho con polvo de la tierra. De acuerdo a la Ley registrada en Levítico, cuando una persona vendía su tierra, ella o uno de sus parientes podía redimirla pagando un precio adecuado. De manera muy similar, nosotros quienes íbamos por el camino a la destrucción podemos ser salvos si alguien paga por nuestros pecados.

Dios abrió el camino de salvación a través de Jesucristo quien fue calificado de modo apropiado, completo y recto para redimir la tierra de acuerdo a la ley. El redentor tiene que ser un familiar para poder redimir la tierra, y nosotros también podemos ser redimidos de nuestros pecados solo por medio de un pariente que sea un ser humano. Es por eso que Jesús vino a este mundo en carne y como hombre (Juan 1:14).

Así también, si uno desea pagar una deuda de otra persona, uno mismo debe estar libre de deudas. Todos los hombres son descendientes de Adán y nacen con el pecado original.

Sin embargo, Jesús no tiene el pecado original porque fue concebido por el Espíritu Santo. Él guardó toda la Ley y no cometió ningún pecado por Sí mismo. Además Él tiene mucho amor y murió en la cruz por nosotros. Por consiguiente, los que creen en Él pueden ser perdonados de sus pecados y pueden alcanzar la salvación.

Según la ley espiritual, 'la paga del pecado es la muerte'. Por ende, si alguien está libre de pecado, no puede morir. Aun así, el enemigo diablo y Satanás crucificó a Jesús, libre de pecado e irreprensible y al hacerlo quebrantó la ley del reino espiritual. Como consecuencia, el enemigo diablo y Satanás tuvo que ceder a Dios todas las personas que aceptan a Jesucristo como su Salvador. De esta manera se cumplió la obra de redención y la obra de salvación.

> **"Porque así como en Adán todos mueren, también en Cristo todos serán vivificados. Pero cada uno en su debido orden: Cristo, las primicias; luego los que son de Cristo en su venida" (15:22-23).**

Todos los hombres mueren por causa de la desobediencia de Adán, pero obtenemos vida por medio de Jesucristo. La primicia de la resurrección es Cristo. Nunca hubo alguien antes del tiempo de Jesús quien revivió por completo como Él. Hubo personas que fueron revividas por Elías y Eliseo (1 Reyes 17:22, 2 Reyes 4:35), pero ellos también murieron al final. Es decir, ellos no resucitaron para vida eterna como lo hizo nuestro

Señor. Además, Elías y Enoc fueron arrebatados al Cielo estando vivos (Génesis 5:24, 2 Reyes 2:11), pero ellos no 'resucitaron'.

El verso 23 dice: "... luego los que son de Cristo en su venida". En este caso, al hablar de 'los que son de Cristo' se refiere a los que han aceptado al Señor y han muerto, y cuyos espíritus han ido al reino de los Cielos. El Señor los traerá cuando Él regrese otra vez.

Los espíritus de aquellos que creyeron en el Señor y murieron vendrán en el aire con el Señor cuando Él regrese otra vez. En ese momento, sus cuerpos que estarán en la tumba serán transformados a cuerpos espirituales y se mezclarán con sus espíritus en el aire.

"Entonces vendrá el fin, cuando El entregue el reino al Dios y Padre, después que haya abolido todo dominio y toda autoridad y poder. Pues Cristo debe reinar hasta que haya puesto a todos sus enemigos debajo de sus pies. Y el último enemigo que será abolido es la muerte" (15:24-26).

Después de que aquellos que creyeron en el Señor y fueron enterrados en tumbas resuciten y vayan a los aires, habrá otros que los seguirán y serán arrebatados en el aire. Es decir, los creyentes entre aquellos que viven subirán a los aires sin ver la muerte.

En el verso anterior dice: "cuando El entregue el reino al Dios y Padre". Esto se refiere al tiempo en el que termine el cultivo de la humanidad. Por consiguiente, todo dominio y autoridad y poder ya no serán necesarios. En el reino de los Cielos todas estas cosas serán innecesarias, y por ende, se dice que serán abolidas.

En el verso 25 leemos: "Pues Cristo debe reinar hasta que haya puesto a todos sus enemigos debajo de sus pies". Cuando el Señor regrese a la Tierra, Él y los creyentes reinarán como reyes. Hasta ese día, el Señor no pondrá a Sus enemigos debajo de Sus pies.

Una vez que termine el Milenio y el Juicio del Gran Trono Blanco, en el verso 26, el último enemigo que será abolido es la muerte. Entonces, ¿qué es la muerte?

El enemigo Satanás nos ha traído toda injusticia, desenfreno y pecado. Todas estas cosas de la falsedad se conocen como 'muerte' en general. Esta 'muerte' también será abolida después del Juicio del Gran Trono Blanco. Es por eso que dice que el último enemigo abolido será la muerte.

"Porque Dios ha puesto todo en sujeción bajo sus pies. Pero cuando dice que todas las cosas le están sujetas, es evidente que se exceptúa a aquel que ha sometido a El todas las cosas. Y cuando todo haya sido sometido a El, entonces también el Hijo mismo se sujetará a aquel que sujetó a El todas las cosas, para que Dios sea todo en todos" (15:27-28).

La Biblia dice que Dios creó los Cielos y la Tierra y todo

lo que hay en ellos a través de Jesucristo. Puso también todas las cosas en sujeción bajo Jesucristo, y por eso Jesucristo es el Mayordomo de todas las cosas. Por consiguiente, el Señor no puede pertenecer a Sus criaturas. A diferencia de nosotros, los seres humanos, Jesucristo tiene un cuerpo incorruptible y espiritual, y esa es la razón por la que Él no está sujeto a nada.

Dios es quien puso todas las cosas en sujeción bajo los pies de Jesucristo. Después del Juicio del Gran Trono Blanco, cuando el enemigo diablo es puesto a muerte y se recuperan todas las cosas, Jesucristo también se sujetará a Dios. De este modo se alcanza la obediencia completa.

A lo que este pasaje se refiere es al orden de las cosas. Primero está Dios el Creador y junto a Él está Su Hijo Jesucristo. Junto a Él están los hijos salvos de Dios y bajo nosotros están las huestes celestiales y ángeles que nos ministran.

Jesucristo es Dios en origen, pero Él vino a este mundo en la forma de siervo; obedeció hasta la muerte para cumplir con la Providencia y voluntad del Padre. Jesús es uno con Dios y Dios mismo. Es por eso que Él tiene el mismo corazón, poder y autoridad. No obstante, este pasaje está hablando acerca del orden entre el Padre y el Hijo.

Jesucristo sigue el orden entre el Padre y el Hijo para guardar el orden que se mantiene. En realidad nada funciona sin orden. Todas las cosas en el universo, la naturaleza y todo en ella, siguen un orden y las reglas. El reino espiritual también está dirigido por reglas.

Bautismo por los muertos

"De no ser así, ¿qué harán los que se bautizan por los muertos? Si de ninguna manera los muertos resucitan, ¿por qué, entonces, se bautizan por ellos?" (15:29)

Algunos malentienden este verso y enseñan que 'si se recibe el bautismo por los muertos, Dios también los salvará'. Sin embargo, esto no es verdad en absoluto. Sin importar cuánto oremos, el bautismo que recibamos y las ofrendas por los muertos, todo será inútil.

Debemos recibir la salvación al aceptar al Señor mientras estamos en este mundo. Si no recibimos salvación durante nuestra vida en este mundo, el hecho de que alguien reciba el bautismo por nosotros no servirá en absoluto.

Lucas 16:19-31 nos cuenta la historia de un hombre rico y de Lázaro, un mendigo. El mendigo Lázaro tenía fe y fue llevado por los ángeles al seno de Abraham. Por otro lado, el rico tenía amistad con el mundo durante su vida terrenal, y en consecuencia de su pecado, cayó en la Tumba, que pertenece al Infierno. Su dolor era tan grande que le rogaba a Abraham que le diera una gota de agua, pero él no podía dársela. El hombre rico amaba a sus hermanos, por lo que pidió a Abraham que enviara a Lázaro a que les predicara para que recibieran salvación y no fueran a ese lugar.

Sin embargo, Jesús dice que los que no creen las evidencias de Dios a través de Moisés o de los profetas, no creerán ni siquiera si alguien regresa de la muerte para predicarles acerca del Cielo y el Infierno.

¿Qué diría este hombre si pudiera ser rescatado de los tormentos del Infierno? Él pediría a sus hermanos que oraran y recibieran el bautismo por él. Sin embargo, debido a que sabía que no podía ser salvo, le pidió a Abraham que permitiera que sus hermanos escucharan el evangelio. Como lo indica esta descripción, no hay salvación para los que ya están muertos.

Entonces, ¿a qué se refieren los 'muertos' en el pasaje anterior?

Se refiere a todos los hombres, comenzando con Adán, quienes están muertos por sus pecados, cuya paga es la muerte. Por ende, antes de aceptar al Señor pertenecíamos a 'los muertos', y esto incluye a aquellos no creyentes que todavía no han aceptado al Señor. El hombre está compuesto de espíritu, alma y cuerpo; debido a que el espíritu, el mayordomo del hombre, está muerto, decimos que el hombre está muerto aunque tenga vida en lo físico. Los que están muertos espiritualmente son hombres de alma y de carne, y caerán al Infierno.

Sin embargo, el verso 22 dice: "Porque así como en Adán todos mueren, también en Cristo todos serán vivificados". Nos dice que aquellos que están muertos revivirán cuando crean en Jesucristo y lleguen al arrepentimiento. Nosotros también estuvimos muertos antes, pero fuimos revividos por medio de Jesucristo.

A continuación se habla acerca del 'bautismo'. El bautismo se puede clasificar en: bautismo del agua y bautismo de fuego. El agua simboliza espiritualmente la Palabra de Dios. Por ende, recibir el bautismo del agua simboliza haber limpiado nuestro corazón con la Palabra de Dios. En otras palabras, el bautismo de agua es un acto simbólico que representa que nos arrepentimos, recibimos perdón de pecados y recibimos la salvación. No obstante, el bautismo del agua no es suficiente. Nuestro espíritu muerto tiene que revivir para recibir el Espíritu Santo. También debemos quemar todos los rasgos pecaminosos al recibir el bautismo de fuego cada día.

De este modo, nuestro corazón se circuncida y podemos cambiar a la verdad para imitar el carácter de Jesucristo. Entonces en verdad emanaremos la fragancia de Cristo desde nuestro interior. Cuando una persona que solía tener mal temperamento se transforma en una persona amable, los miembros de su familia no creyente pueden ser evangelizados y comenzar a asistir a la iglesia. A medida que van al templo, escuchan la Palabra y cambian, recibirán el Espíritu Santo para revivir su espíritu muerto, de modo que podrán ir por el camino de la vida eterna.

Por consiguiente, el bautismo por los muertos en el pasaje anterior significa, ante todo, que se recibe la circuncisión del corazón por medio del Espíritu Santo y Su fuego de modo que podamos participar en la resurrección. En segundo lugar, significa que debemos ser un ejemplo a seguir y desear. Cuando el corazón de los creyentes ha sido circuncidado y ellos se convierten en la luz y la sal del mundo, los incrédulos pueden verse tan impresionados, al punto de desear ir por el camino de salvación.

Antes, en el verso 13 del capítulo ocho, el apóstol Pablo dijo que tenía la fe para comer carne, pero que no lo haría si eso pudiera causar que un hermano en la fe tropezara. Este es un ejemplo de lo que es emanar la fragancia de Cristo y recibir el bautismo por otra persona. Nos esforzamos al máximo en todo por ser un buen ejemplo para llevar a la salvación a un esposo o unos hermanos incrédulos, y para cumplir con el reino y la justicia de Dios.

Es por eso que con diligencia nos abstenemos del pecado y circuncidamos el corazón. Los creyentes deben vivir por los muertos, es decir, los incrédulos. Al servir a los demás y cambiar al recibir la circuncisión del corazón, en otras palabras, al 'recibir el bautismo', los miembros de nuestra familia o vecinos percibirán el aroma de Cristo y recibirán la salvación.

El verso 29 dice: "De no ser así, ¿qué harán los que se bautizan por los muertos?" Si los muertos no resucitan en absoluto, ¿por qué se bautizan por ellos?; esto significa que no tendríamos que recibir el bautismo si no hubiera resurrección. Esto quiere decir que no debemos cambiar o recibir la circuncisión del corazón por otras personas; simplemente podemos vivir como deseemos.

Hablando de manera concluyente, recibir el bautismo por los muertos significa que recibimos el bautismo por nosotros mismos al igual que todas las demás personas cuyo espíritu está muerto. Es decir, cuando los creyentes se santifican, viven en la verdad y emanan la fragancia de Cristo y predican el evangelio, los incrédulos pueden llegar a creer en el Señor y recibirán salvación.

"¿Y por qué nosotros peligramos a toda hora? Os aseguro, hermanos, por la gloria que de vosotros tengo en nuestro Señor Jesucristo, que cada día muero. Si como hombre batallé en Efeso contra fieras, ¿qué me aprovecha? Si los muertos no resucitan, comamos y bebamos, porque mañana moriremos" (15:30-32 RVR1960).

Podríamos enfrentar persecuciones cuando predicamos el evangelio a los incrédulos. Los que creen en otras religiones, quizás sientan disgusto al escuchar el evangelio. De manera especial, en el tiempo del apóstol Pablo, se daban muchas amenazas y persecuciones. En el verso siguiente, Pablo dijo: "...cada día muero", lo que se refiere a la circuncisión del corazón. Es decir, puso a muerte su orgullo, ego, obstinación, odio, actitud de juicio, mal carácter, arrogancia y codicia. Nosotros podemos tener el carácter del Señor y convertirnos en personas de la verdad y del espíritu en la medida en que nos abstengamos de la maldad en nuestro ser.

El apóstol Pablo dijo que se gloriaba de la manera en la que moría diariamente. Sin embargo, en 1 Corintios 13, él dijo que no debemos gloriarnos. No obstante, podemos gloriarnos a fin de dar la gloria al Señor. En 1 Corintios 10:31 dice: *"Entonces, ya sea que comáis, que bebáis, o que hagáis cualquier otra cosa, hacedlo todo para la gloria de Dios"*.

En el verso 32 del capítulo 15 leemos: "Si como hombre batallé en Efeso contra fieras, ¿qué me aprovecha?" En este caso, al hablar del 'hombre' se refiere a una persona ordinaria. Las 'fieras' son los animales feroces o personas malvadas y no es de provecho en absoluto enojarse y luchar contra las personas malvadas.

Tal como lo expresó el apóstol Pablo al decir que muere cada día, lo único que nos beneficia es abstenernos del pecado que está en nosotros. De este modo podremos llevar una vida espiritual y resucitada.

A continuación dice: "Si los muertos no resucitan, comamos

y bebamos, porque mañana moriremos". La gente de este mundo piensa que la vida en la Tierra constituye el fin, por lo que comen y beben y cometen pecados a su antojo. A pesar de que escuchan que "hay un Cielo, y un Infierno al que irán los que no creen", dicen que lo descubrirán por sí mismos al morir. Sin embargo, cuando mueran será muy tarde y lamentarse no les será de provecho.

"No os dejéis engañar: 'Las malas compañías corrompen las buenas costumbres'. Sed sobrios, como conviene, y dejad de pecar; porque algunos no tienen conocimiento de Dios. Para vergüenza vuestra lo digo" (15:33-34).

Hay algunas personas que dicen que creen en Dios, pero cometen pecados y no viven como Sus hijos que siguen la verdad. Estas personas tienden a interpretar la Biblia según su deseo, diciendo que simplemente 'creerán' según lo que entienden.

También dicen: "Está bien beber uno o dos vasos de alcohol, porque la Biblia dice que no debemos 'embriagarnos'". Sin embargo, ya sea que se beba uno o muchos vasos, la persona se embriaga en la medida en la que ha consumido alcohol.

Dios dice que no debemos ser engañados por lo que dicen tales personas. Si permitimos estas cosas, otras personas también pueden verse afectadas. Las malas compañías corrompen las buenas costumbres y causan injusticias sobre los demás. Como está escrito en 1 Pedro 5:8, el enemigo diablo y Satanás está rondando como león rugiente buscando a quien devorar, y por eso debemos estar sobrios para actuar con rectitud y no cometer pecados.

Cuando las personas que en realidad no conocen a Dios cometen pecados, pueden arrepentirse y cambiar porque todavía no conocen la verdad. Si somos principiantes en la fe y no tenemos la fuerza para superar los pecados, podemos tratar de alejar los pecados por medio de la oración.

Por otro lado, no es aceptable que cometa pecados una persona que conoce la verdad y tiene la fuerza para vivir de acuerdo a ella. La humanidad tuvo que ir por el camino de la destrucción por causa del pecado, y Jesús tuvo que tomar la cruz para resolver este problema del pecado.

Por ende, no es correcto enseñar a los que tienen fe que pueden cometer pecados y después simplemente arrepentirse. La Biblia nos enseña siempre que no debemos cometer pecados sino que debemos vivir en la luz porque hemos sido perdonados de nuestros pecados. Si no lo hacemos, si cometemos pecados sin arrepentirnos, iremos por el camino de muerte. Por ende, jamás debemos ir por el camino de muerte por haber malinterpretado la gracia de Dios.

La gloria de cada uno es diferente en el reino de los Cielos

"Pero alguno dirá: ¿Cómo resucitan los muertos? ¿Y con qué clase de cuerpo vienen? ¡Necio! Lo que tú siembras no llega a tener vida si antes no muere; y lo que siembras, no siembras el cuerpo que nacerá, sino el grano desnudo, quizás de trigo o de alguna otra especie. Pero Dios le da un cuerpo como El quiso, y a cada semilla su propio cuerpo" (15:35-38).

Los que no conocen a Dios, los que no creen ni siquiera mientras asisten a la iglesia y los que tienen amistad con el mundo y cometen pecados, preguntan: "¿Cómo resucitan los muertos?" El apóstol Pablo lo explica una vez más porque los que dudan todavía no creerán.

Pablo dice que los que dudan en lugar de creer son necios. Salmos 53:1 dice: *"El necio ha dicho en su corazón: No hay Dios. Se han corrompido, han cometido injusticias abominables; no hay quien haga el bien"*. Del mismo modo, si una persona no cree en la resurrección del Señor y pregunta cómo resucitan los muertos, entonces es una persona necia. El apóstol Pablo presenta una alegoría de una semilla para permitir que esta gente entienda.

Cuando se siembra semillas, estas pueden germinar solamente si mueren. No podrán brotar si permanecen como están. Así también, Pablo quiso preguntarles por qué no podían creer en la resurrección si sabían que las semillas pueden brotar y dar frutos solo cuando mueren.

Las semillas son solo granos; cuando mueran tomarán un tipo específico de forma. La voluntad de Dios es que cosechemos lo que hemos sembrado. Por ende, si sembramos habichuelas, cosecharemos habichuelas; cosecharemos trigo si la semilla tiene la forma del trigo. Lo mismo ocurre con todas las demás semillas.

"No toda carne es la misma carne, sino que una es la de los hombres, otra la de las bestias, otra la de las aves y otra la de los peces" (15:39).

En este caso la 'carne' se refiere a una imagen específica o forma de algo. Con esta carne, que es de formas diferentes, podemos distinguir los diversos animales. Por ende, la carne del hombre, de los animales y de los peces es muy diferente.

El apóstol Pablo habla acerca de esto con el fin de explicar acerca de los cuerpos espirituales que tendremos en el reino de los Cielos. Por ejemplo, tendremos diferentes tipos de estilos de cabello y ropas. El cabello del hombre llegará a la altura del cuello y, en el caso de las mujeres, el largo de su cabello será su recompensa. Las que tienen las mayores recompensas tendrán su cabello a la altura de la base de su columna vertebral.

En el Cielo vestiremos lino blanco, y el resplandor del lino será distinto de acuerdo al grado de santificación que hemos alcanzado. Las moradas en el Cielo serán clasificadas y separadas porque el nivel y magnitud de santidad alcanzado por cada individuo es diferente.

La gloria del sol y la gloria de la luna son distintas

"Hay, asimismo, cuerpos celestiales y cuerpos terrestres, pero la gloria del celestial es una, y la del terrestre es otra. Hay una gloria del sol, y otra gloria de la luna, y otra gloria de las estrellas; pues una estrella es distinta de otra estrella en gloria" (15:40-41).

Para poder explicar acerca de la 'resurrección', el apóstol Pablo ha presentado parábolas de cosas físicas hasta este punto, pero en adelante comienza a explicar acerca de los diferentes cuerpos.

Los incrédulos obviamente pertenecen a este mundo. Entre los creyentes está el 'trigo' y la 'paja'. El 'trigo' representa a aquellos que viven en rectitud de acuerdo a la Palabra de Dios. Estas personas tienen esperanza por el reino celestial y su ciudadanía está ahí; son los ciudadanos del Cielo y el cuerpo (es decir la 'imagen' o 'forma') que corresponde al Cielo.

Sin embargo, si una persona no conoce la dimensión espiritual, comete pecados y mora en las tinieblas según los deseos de su carne; es una persona que corresponde al mundo. Aquí podemos ver que hay cuerpos que pertenecen a la Tierra y también cuerpos que pertenecen al Cielo. Los que pertenecen al Cielo obviamente recibirán la gloria del Cielo, y los que pertenecen a la Tierra recibirán muerte, es decir, el Infierno. Sin embargo, entre los que pertenecen al Cielo, cada uno recibirá una gloria distinta en el Cielo.

La morada de cada uno será diferente de acuerdo a su fe. Podemos decir que nuestra fe se clasifica en cinco niveles: los que acaban de aceptar al Señor o quienes apenas han recibido salvación, irán al Paraíso.

Cuando su fe crece en cierta medida, se esfuerzan por guardar la Palabra de Dios, pero no logran hacerlo muy bien se encuentran en el segundo nivel. Estas personas irán al Primer Reino de los Cielos. Cuando crezcan más en su fe y tengan fe suficiente para poner en práctica la Palabra de Dios, irán al Segundo Reino de los Cielos. Este es el tercer nivel de fe. Si luego logran ahuyentar toda maldad, heredarán el Tercer Reino de los Cielos, y los que agradan a Dios en grado sumo estando en el quinto nivel de fe, morarán en la Nueva Jerusalén.

En este caso, la 'gloria del sol' se refiere a la gloria de aquellos que se han abstenido de toda forma de maldad y se han santificado; los que han ido al Tercer Reino de los Cielos o a la

Nueva Jerusalén. La 'gloria de la luna' se otorga a aquellos que van al Segundo Reino de los Cielos, y la 'gloria de las estrellas' a aquellos que van al Primer Reino de los Cielos. Los que van al Paraíso, quienes no han hecho nada por el Señor, no recibirán ninguna recompensa. Por lo tanto, se dice que no recibirán gloria alguna.

En este caso, la gloria del sol, de la luna y de las estrellas difieren mucho. Además cada estrella tiene gloria diferente. Las innumerables estrellas tienen tamaños y brillo distinto, y lo mismo ocurre con la gloria que será otorgada. Cada persona recibirá recompensas y gloria distinta en el reino de los Cielos.

Pablo nos enseña que así como los cuerpos del hombre, peces, aves y animales son todos distintos, cada uno en el Cielo tendrá cuerpos y posiciones diferentes de acuerdo a cuán santificados y espirituales fueron.

Si no creemos en la resurrección, no tendremos ninguna esperanza por el reino de los Cielos; no pelearemos contra el pecado ni intentaremos ganarnos la gloria del sol en el Cielo. Por esta razón, Pablo explica con la alegoría de la semilla para que podamos creer en la resurrección, y luego explica que los cuerpos espirituales son distintos al igual que los cuerpos físicos.

Resurrección de los muertos

"Así es también la resurrección de los muertos. Se siembra un cuerpo corruptible, se resucita un cuerpo incorruptible" (15:42).

Ya se ha explicado que debido a que el espíritu es eterno, decimos de aquellos que creían en el Señor y murieron, que 'duermen'. ¿Por qué habla Pablo acerca de la resurrección de los muertos en este contexto?

Aun en el caso de los creyentes, cuando su cuerpo muere, su espíritu abandona el cuerpo. Cuando hablamos acerca de este cuerpo físico, nos referimos a los 'muertos'. Cuando el cuerpo es enterrado en la tumba, se convertirá en un puñado de polvo, pero cuando el Señor regrese en el aire, el cuerpo de los salvos resucitará como un cuerpo espiritual y será arrebatado en los aires. Esta es la 'resurrección de los muertos'.

En el verso anterior, ¿a qué se refiere al decir: "Se siembra un cuerpo corruptible, se resucita un cuerpo incorruptible"?

Nosotros tenemos pensamientos buenos, y también malos. Los pensamientos carnales, que no son pensamientos espirituales, no son buenos y se corromperán. Romanos 8:6-7 (RVR1960) dice: *"Porque el ocuparse de la carne es muerte, pero el ocuparse del Espíritu es vida y paz. Por cuanto los designios de la carne son enemistad contra Dios; porque no se sujetan a la ley de Dios, ni tampoco pueden".*

Los pensamientos de la carne son muerte, y se corromperán. Los que van tras los pensamientos carnales emiten juicio y condenación de los demás y aceptan las obras del enemigo diablo y Satanás. Es por eso que los pensamientos carnales son enemistad contra Dios; Pablo nos dice que debemos destruir las especulaciones y tomar cautivo todo pensamiento en obediencia a Cristo (2 Corintios 10:5).

En la medida en que nos despojemos de los pensamientos carnales, podremos tener pensamientos espirituales y de la verdad, y seremos transformados en personas de espíritu. A medida que hagamos morir y huir los pensamientos carnales, consecuentemente no tendremos odio, juicio, condenación ni otras formas de maldad provenientes de nuestro interior. Cosecharemos las cosas espirituales e incorruptibles en la medida en que nos abstengamos de la falsedad. Es por eso que el apóstol Pablo dice que muere diariamente.

"Se siembra en deshonra, se resucita en gloria; se siembra en debilidad, se resucita en poder; se siembra

un cuerpo natural, se resucita un cuerpo espiritual. Si hay un cuerpo natural, hay también un cuerpo espiritual" (15:43-44).

Dios nos da honor y nos llena de nuevo con la verdad cuando nos despojamos de las cosas incorrectas y la deshonra. Nuestra alma prospera, todas las cosas nos salen bien y somos saludables en la medida en que alejamos aquellas falsedades.

Leemos que 'se siembra en debilidad'. En este caso, la 'debilidad' respecta a la debilidad espiritual del corazón. Sin embargo, se trata del corazón humilde, servicial, que no insiste en sus propias opiniones. Como dijo Jesús: *"En verdad os digo que si no os convertís y os hacéis como niños, no entraréis en el reino de los cielos"* (Mateo 18:3). Los hombres de la verdad tienen corazón débil como el de un niño.

Si sembramos en debilidad de la carne, viviremos nuevamente con fortaleza espiritual. El corazón débil es aquel que puede poner la otra mejilla cuando ha sido golpeado. Supongamos que usted puede decir: "Hermano, usted me golpeó en la mejilla derecha, pero estoy dispuesto a poner mi otra mejilla también si eso ayuda a que tenga paz en su mente"; siendo así, ¿cómo podría haber discusiones y disensiones?

Cuando sembramos con debilidad y cosechamos fortaleza espiritual, el enemigo diablo y Satanás se alejará. Ya que somos reconocidos y amados por Dios, seremos guiados al camino de prosperidad para dar gloria a Dios y emanaremos el aroma de Cristo.

En este mundo tenemos relatividad entre las cosas. Existe la bondad y la maldad, y hay también cuerpos carnales y cuerpos espirituales. Estas cosas nos dicen que la vida en este mundo no lo es todo, y que tampoco es el final.

Para que podamos despojarnos de las falsedades que pertenecen a este mundo, debemos conocer que disfrutaremos de gloria inimaginable en el eterno reino de los Cielos. Dios nos llenará con las cosas espirituales del reino celestial si perseguimos la voluntad de Dios en lugar de vivir de acuerdo a nuestros deseos. Es decir, se siembra en lo natural, en el cuerpo carnal, y se cosecha en el cuerpo espiritual.

"Así también está escrito: El primer hombre, Adán, fue hecho alma viviente. El último Adán, espíritu que da vida. Sin embargo, el espiritual no es primero, sino el natural; luego el espiritual. El primer hombre es de la tierra, terrenal; el segundo hombre es del cielo" (15:45-47).

Dios creó a Adán, el primer hombre, y sopló sobre su nariz el aliento de vida para hacerlo un espíritu viviente. Sin embargo, su espíritu murió cuando cometió pecado. Por otro lado, el último Adán, Jesucristo, resolvió el problema del pecado para convertirse en el espíritu que revive el espíritu muerto.

El verso 46 dice: "Sin embargo, el espiritual no es primero...", y esto se refiere a Adán, el primer hombre, quien no era un hombre espiritual porque tenía la carne. Por eso fue engañado por Satanás y se dirigió al camino de destrucción cuando cometió pecado. Él regresó a la carne, que es algo corruptible.

Por otro lado, Jesús es un hombre espiritual porque vino desde el Cielo y fue concebido por el Espíritu Santo. Adán, el primer hombre, nació de la tierra y perteneció a la tierra. El segundo hombre, Jesús, nació del Cielo. Juan 1:14 dice: *"Y el Verbo se hizo carne, y habitó entre nosotros..."*, y esto significa que Él vino del Cielo a la Tierra en semejanza de hombre, para salvarnos.

"Como es el terrenal, así son también los que son terrenales; y como es el celestial, así son también los que son celestiales. Y tal como hemos traído la imagen del terrenal, traeremos también la imagen del celestial" (15:48-49).

Al hablar del 'terrenal' se refiere al hombre de la falsedad. Si habitamos entre aquellos que viven en la falsedad y vivimos igual que ellos, significa que también somos carnales.

Antes de llegar a aceptar a Jesucristo, éramos carnales y vivíamos en falsedad. Sin embargo, ya que aceptamos a Jesucristo y recibimos el Espíritu Santo, nuestros pensamientos y voluntad cambiaron; hemos llegado a ser hijos de Dios y ahora somos celestiales. Los que tienen fe viven en la Palabra de verdad, que es Jesucristo, de modo que tendrán la imagen de lo que es celestial.

Sembramos lo corruptible, y cosechamos lo incorruptible;

sembramos deshonra y resucitamos en gloria; sembramos en debilidad y resucitamos en poder; sembramos con un cuerpo físico y resucitamos con un cuerpo espiritual para llegar a ser celestiales. Seremos transformados en personas espirituales en la medida en que nos abstengamos de la falsedad con la ayuda del Espíritu Santo, y en la misma medida llegaremos a ser celestiales.

Todos seremos transformados a la trompeta final

"Y esto digo, hermanos: que la carne y la sangre no pueden heredar el reino de Dios; ni lo que se corrompe hereda lo incorruptible" (15:50).

Cuando las personas se enojan, en la mayoría de casos, sus rostros se sonrojan. Esto se debe a que la sangre circula muy rápido. En este caso, la 'sangre' tiene un significado similar a la carne. La carne se refiere a todas las cosas que son inconsistentes con la verdad. La sangre y la carne no pueden heredar el reino de Dios. Entonces se puede pensar: "Tengo sangre y carne; ¿tiene sentido creer en Jesucristo, entonces?" Sin embargo, no se refiere a algo así.

Aunque no seamos perfectos, definitivamente heredaremos el reino de Dios siempre y cuando nos esforcemos por cambiar nuestro ser con fe. Dado que la gloria del sol, de la luna y de las estrellas es diferente, heredaremos distintas moradas en el Cielo de acuerdo a con cuánta fidelidad y sinceridad hemos tratado de abstenernos de los pecados y santificarnos.

Ahora, en el verso 42, está escrito: "Se siembra un cuerpo corruptible, se resucita un cuerpo incorruptible", y en el verso 50 leemos: "...ni lo que se corrompe hereda lo incorruptible". ¿Por qué está escrito de esta manera?

Está claro que no heredaremos el reino de Dios si nos aferramos y guardamos lo corruptible como el mal, el pecado, la injusticia y la mentira. Lo que el verso 42 quiere decir es que debemos sembrar y dar muerte a lo corruptible para cosechar lo espiritual, mientras que el verso 50 significa que no podemos heredar el reino de Dios si no nos despojamos de las falsedades corruptibles.

> **"He aquí, os digo un misterio: no todos dormiremos, pero todos seremos transformados en un momento, en un abrir y cerrar de ojos, a la trompeta final; pues la trompeta sonará y los muertos resucitarán incorruptibles, y nosotros seremos transformados"** (15:51-52).

En este contexto, el término 'misterio' se refiere a la 'revelación'. Cuando murió Lázaro, el hermano de María, Jesús dijo que solo dormía; dijo esto porque más tarde Lázaro resucitaría ya que murió creyendo en Jesús. Los discípulos entendieron que sería en lo físico, así que pensaron que Lázaro en verdad dormía. Entonces Jesús explicó claramente que había muerto.

Los que han muerto en el Señor, es decir, los que duermen, serán transformados en un instante. Dios ha sonado la trompeta muchas veces a través de los patriarcas, diciéndonos que nos alejemos del camino de la destrucción y que regresemos a la vida. La última trompeta será el sonido del Señor que vendrá a llevarnos.

Cuando suene esta trompeta, el Señor regresará en el aire. Él regresará en las nubes, con gran gloria. En ese momento, los que han muerto y se han convertido en un puñado de polvo tendrán un cuerpo incorruptible en un abrir y cerrar de ojos, y resucitarán. Los que reciban al Señor estando vivos también serán transformados a cuerpos espirituales, serán arrebatados en el aire y se encontrarán con el Señor ahí (1 Tesalonicenses 4:16-17).

"Porque es necesario que esto corruptible se vista de incorrupción, y esto mortal se vista de inmortalidad. Pero cuando esto corruptible se haya vestido de incorrupción, y esto mortal se haya vestido de inmortalidad, entonces se cumplirá la palabra que está escrita: Devorada ha sido la muerte en victoria" (15:53-54).

Dado a que esto ciertamente ocurrirá, se usa la palabra 'necesario'. Este cuerpo corruptible se vestirá del cuerpo incorruptible, y este cuerpo incorruptible es la vida espiritual. Cuando un hombre muere, el cuerpo pronto se descompone y tiene un hedor nauseabundo. Sin embargo, por la gracia de Jesucristo vestiremos un cuerpo espiritual que no morirá. El cuerpo espiritual jamás se descompone, corrompe o envejece.

Es por eso que cuando Dios creó a Adán, Él no lo hizo como un bebé sino como un adulto maduro desde el inicio. Si Adán hubiese tenido que crecer desde la etapa de bebé hasta la adolescencia, hasta llegar a ser un adulto maduro, significaría que está envejeciendo. Por el contrario, el espíritu no envejece de este modo. Dios creó a Adán como un ser perfecto desde el momento que lo creó.

¿Qué significa "...se cumplirá la palabra que está escrita: Devorada ha sido la muerte en victoria"?

Jesucristo resucitó rompiendo la autoridad de la muerte, y lo mismo ocurrirá con los creyentes. Se nos ha permitido ir por el camino de la vida eterna sin tener que estar atados como esclavos a la muerte. De esta manera se cumple lo que está escrito: "Devorada ha sido la muerte en victoria".

"El destruirá la muerte para siempre; el Señor Dios enjugará las lágrimas de todos los rostros, y quitará el oprobio de su pueblo de sobre toda la tierra, porque el Señor ha hablado" (Isaías 25:8).

En el Cielo no hay muerte, tristeza, enfermedad o dolor, sino únicamente felicidad y amor. Cuando el Señor venga, todas estas palabras se cumplirán. Cuando Él venga, la muerte no tendrá relación alguna con nosotros.

En Hebreos 2:14-15 dice: *"Así que, por cuanto los hijos participan de carne y sangre, El igualmente participó también de lo mismo, para anular mediante la muerte el poder de aquel que tenía el poder de la muerte, es decir, el diablo, y librar a los que por el temor a la muerte, estaban sujetos a esclavitud durante toda la vida"*.

Como está escrito, los que siguen la voluntad de Dios serán liberados de la autoridad de la muerte y obtendrán la vida eterna. Jesús vino a este mundo en forma humana justamente por esta razón.

"¿Dónde está, oh muerte, tu victoria? ¿Dónde, oh sepulcro, tu aguijón? El aguijón de la muerte es el pecado, y el poder del pecado es la ley; pero a Dios gracias, que nos da la victoria por medio de nuestro Señor Jesucristo" (15:55-57).

La muerte está controlada y señoreada por el enemigo diablo. La muerte nos hiere por causa del pecado. Las pruebas, enfermedades y muerte vienen a nosotros por causa del pecado. Ángeles de Dios protegerán a aquellos que creen en Él, pero cuando cometen pecados no podrán ser protegidos.

En Génesis 3:14 Dios maldijo a la serpiente para que comiera polvo de la tierra por el resto de su vida. En este caso, el polvo se refiere al hombre que fue creado del polvo de la tierra. Es decir, comer polvo significa que el enemigo diablo y Satanás acusaría al hombre, en la medida en que comete pecados, para provocar pruebas y enfermedades sobre su vida.

Se dice que "el poder del pecado es la ley", lo que significa que la ley puede controlar al pecado. La ley de un país es la que gobierna sobre el crimen, y de igual manera, la Palabra de Dios, es decir la Ley, gobierna sobre el pecado. Sin la ley no sabríamos si somos pecadores o si no lo somos. Podemos entender que somos malos y pecadores al examinar nuestro ser en la Palabra de la verdad.

Nosotros tenemos consciencia, pero la consciencia de cada individuo es diferente y nadie debe insistir en que su conciencia está en lo correcto. No debemos juzgar lo bueno o malo de acuerdo a nuestras ideas, sino que debemos discernir solo en base a la Palabra de Dios. La ley tiene el poder y debemos pensar en acuerdo con la Palabra de Dios, la Ley de Dios.

El verso 57 dice que Dios nos da la victoria por medio de nuestro Señor Jesucristo. Podemos ser limpiados solamente por la sangre del Señor. Supongamos que una persona ha sido encarcelada por diez años por haber cometido un homicidio. Una vez que haya cumplido su tiempo de condena, todavía tendrá sus antecedentes penales.

No obstante, en Hebreos 8:12 se nos dice que si cambiamos con sinceridad de corazón, Dios ya no dirá que somos pecadores y ni siquiera recordará nuestros pecados. Debido a que confiamos en este Dios, ¿cómo podemos aferrarnos al pecado que es el aguijón de la muerte? Obviamente debemos alejarnos del pecado. El gozo, la gratitud y la paz posarán sobre nosotros en la medida en que lo hagamos. Obtendremos la victoria sobre el pecado, el aguijón de la muerte, en el nombre de Jesucristo, y daremos gracias a Dios.

"Por tanto, mis amados hermanos, estad firmes, constantes, abundando siempre en la obra del Señor, sabiendo que vuestro trabajo en el Señor no es en vano" (15:58).

Venceremos la muerte y obtendremos vida eterna cuando el Señor regrese, y por eso Pablo nos dice que debemos ser constantes, firmes y siempre abundar en la obra del Señor. Nuestra labor no será insignificante porque el Señor nos retribuirá de acuerdo a lo que hemos hecho.

Apocalipsis 2:10 nos dice: *"Sé fiel hasta la muerte, y yo te daré la corona de la vida"*. Además, en 2 Corintios 5:10, leemos: *"Porque todos nosotros debemos comparecer ante el tribunal de Cristo, para que cada uno sea recompensado por sus hechos estando en el cuerpo, de acuerdo con lo que hizo, sea bueno o sea malo"*.

En Mateo 5:11-12 está escrito: *"Bienaventurados seréis cuando os insulten y persigan, y digan todo género de mal contra vosotros falsamente, por causa de mí. Regocijaos y alegraos, porque vuestra recompensa en los cielos es grande, porque así persiguieron a los profetas que fueron antes que vosotros"*.

Podemos siempre regocijarnos y obtener la victoria ya que tenemos esta esperanza de ser recompensados de acuerdo a nuestras obras. Sin embargo, debemos tener algo en mente. Claro que es importante que hagamos las obras de Dios, pero lo más agradable ante Sus ojos es nuestra santidad. Podemos entrar en una mejor morada en el Cielo en la medida en que nos abstengamos del pecado y la maldad, y nos santifiquemos. Además de esto, de acuerdo a nuestras obras y servicios para el Señor, recibiremos las recompensas en el Cielo. Por consiguiente, no debemos solamente trabajar mucho para Dios sino que también debemos tener llenura espiritual, es decir, esforzarnos mucho por el Señor absteniéndonos del mal al mismo tiempo.

Capítulo 16

LA ACTITUD DE LOS CRISTIANOS MADUROS

— Cómo se debe dar las ofrendas

— Obedecer la dirección del Espíritu Santo

— Estar sujetos a todo el que ayuda

en la obra y trabaja

Cómo se debe dar las ofrendas

"Ahora bien, en cuanto a la ofrenda para los santos, haced vosotros también como instruí a las iglesias de Galacia. Que el primer día de la semana, cada uno de vosotros aparte y guarde según haya prosperado, para que cuando yo vaya no se recojan entonces ofrendas" (16:1-2).

El término 'ofrenda' en este contexto se refiere a las ofrendas presentadas a Dios. El apóstol Pablo también dio la orden a la iglesia de Galacia respecto a las ofrendas. Ahora está diciendo a la iglesia de Corinto, que debe hacer lo mismo. Podría haberse tomado como un simple consejo si fuera una idea que proviene de él, pero se trata de una orden porque es la Palabra de Dios.

El primer día de cada semana es el domingo. En el Antiguo Testamento el sábado era el día de reposo; incluso en la actualidad guardan el sábado como el Día del Señor en Israel. El siguiente día, es decir el domingo, es el primer día de la semana.

En Hechos 20:7 leemos: *"Y el primer día de la semana, cuando estábamos reunidos para partir el pan..."*, y en este caso el 'primer día de la semana' se refiere al domingo. Además, en este verso, el 'pan' es la Palabra de Dios. Cuando dice que se 'reunían el primer día de la semana para partir el pan' se refiere a que se reunían para asistir juntos al servicio de adoración.

Apocalipsis 1:10 dice: *"Estaba yo en el Espíritu en el día del Señor..."*; este 'día del Señor' es el domingo. La razón por la que el domingo, el primer día después del día de reposo, se ha convertido en el Día del Señor, es porque el Señor rompió la autoridad de la muerte y resucitó un domingo.

Por medio de este acto, los que creen en Jesucristo no caen en la muerte sino que obtienen la vida eterna. Por esta razón este día es el más feliz y el día de esperanza en el que nuestro espíritu puede tener descanso verdadero. Es por eso que en los tiempos del Nuevo Testamento guardamos el domingo como el Día del Señor para adorar. También damos ofrendas a Dios para que sean usadas para el reino de Dios.

El apóstol Pablo plantó muchas iglesias y predicó el evangelio en todo lugar al que iba. Además recogía las ofrendas de algunas de las iglesias ricas para ayudar a las iglesias que estaban en necesidad. Esto significa que la mayoría de iglesias tenían dificultades financieras en ese tiempo, pero él ayudaba a las que tenían una necesidad excepcional.

Las iglesias en Jerusalén, principalmente, tenían muchas dificultades. Eran llamadas heréticas por creer en Jesucristo y los creyentes eran encarcelados y asesinados. No les era permitido adorar libremente ni dar ofrendas.

Es más, pasaban hambre que les causaba todavía más dificultades. El apóstol Pablo ayudaba a la iglesia en Jerusalén llevándole ofrendas, o las hacía llegar a través de otras personas. También pidió a la iglesia de Corinto que 'apartara y guardara' para las ofrendas. Si ellos no estaban preparados cuando Pablo los visitaba, y si debían prepararse apresuradamente, darían las ofrendas con la sensación de que lo hacen por obligación. Al ser así, las ofrendas no se darían completas.

"Y cuando yo llegue, enviaré con cartas a quienes vosotros hayáis designado, para que lleven vuestra contribución a Jerusalén. Y si es conveniente que yo también vaya, irán conmigo" (16:3-4).

El apóstol Pablo dice que él enviará las ofrendas recogidas por la iglesia de Corinto a Jerusalén junto con sus cartas, aunque no podía enviar a cualquiera. La persona que llevaría las ofrendas debía ser reconocida por el apóstol Pablo y la iglesia, y alguien en quien tuvieran confianza.

Este principio tendría que ser el mismo en cuanto a la administración de las finanzas de la iglesia en la actualidad. Cuando la iglesia hace cualquier obra de ayuda, la debería hacer una persona que es muy digna de confianza. Pablo dijo también que enviaría las ofrendas con alguien confiable, y que los miembros de la iglesia de Corinto no tendrían que preocuparse.

En este caso, 'vuestra contribución' incluye lo que los miembros de la iglesia de Corinto habían ahorrado de sus propios gastos necesarios, incluso en tiempos de dificultades propias, para dar esta ofrenda como una contribución para ayudar a la iglesia de Jerusalén, además de las oraciones diligentes con preocupación por ellos.

Pablo dijo también: "Y si es conveniente que yo también vaya, irán conmigo". Él no dijo necesariamente: "Yo iré", lo que se debe a que Pablo dejaba todo en las manos de Dios. Él expresaba su opinión, pero si no estaba de acuerdo con la voluntad de Dios, él no podría ir. Es por eso que dijo: "Y si es conveniente que yo también vaya...".

Obedecer la dirección
del Espíritu Santo

"Iré a vosotros cuando haya pasado por Macedonia (pues voy a pasar por Macedonia), y tal vez me quede con vosotros, o aun pase allí el invierno, para que me encaminéis adonde haya de ir" (16:5-6).

Macedonia está ubicada al norte de Corinto. Pablo escribe desde Éfeso donde se hospedaba, que pasaría por Macedonia antes de ir a Corinto.

Él no tenía que decir que pasaría por Macedonia, pero lo hizo de manera intencional para permitir que conocieran su rumbo. Él menciona también la posibilidad de pasar el invierno en Corinto.

La razón por la que dice 'tal vez' es porque no estaba seguro ya que no podría hacerlo si es que el Espíritu Santo no se lo permitía. El apóstol Pablo deseaba difundir el evangelio en Asia, pero como está escrito en Hechos 16:6-10, cuando el Espíritu Santo lo detuvo, no pudo ir a Asia sino que fue más bien a

Europa. De igual manera, no debemos hacer las cosas del modo que nosotros queremos, sino siguiendo la guía del Espíritu Santo.

"Pues no deseo veros ahora solo de paso, porque espero permanecer con vosotros por algún tiempo, si el Señor me lo permite. Pero me quedaré en Efeso hasta Pentecostés; porque se me ha abierto una puerta grande para el servicio eficaz, y hay muchos adversarios" (16:7-9).

Anteriormente él había estado ocupado y no tuvo suficiente tiempo, así que se quedó solo de paso. Sin embargo, si el Señor se lo permitía, él deseaba quedarse con ellos por algún tiempo para compartir la gracia. Esta vez dijo también: "...si el Señor me lo permite", haciéndoles saber de este modo que todo su ministerio se basaba en la voluntad de Dios.

El apóstol Pablo ministró a la iglesia de Corinto por un largo tiempo y amó mucho a la iglesia. Así que deseaba quedarse por un tiempo con ellos, en lugar de ir solo de paso.

El verso 8 dice: "Pero me quedaré en Éfeso hasta Pentecostés". El único objetivo de Pablo es el de predicar el evangelio; él solo quería abrir la puerta del evangelismo y llevar más almas a la salvación, en Éfeso y en otras regiones. Por eso dijo: "...porque se me ha abierto una puerta grande para el servicio eficaz", lo que significa que la puerta para la evangelización estaba abierta.

Si hay muchos adversarios cuando predicamos el evangelio, es más fácil predicarlo. Si las personas nos ignoran en realidad será más difícil evangelizarlas, pero si tratan de debatir o luchar hay mayor oportunidad para que acepten al Señor.

No debemos tener temor de las obras perturbadoras de Satanás cuando difundimos el evangelio. Mientras más oramos y difundimos el evangelio, el diablo más intentará obstaculizarnos, pero en la misma medida, Dios nos protegerá. Pablo quería decir que, dado que la puerta para el evangelio estaba abierta y había muchos adversarios, él deseaba predicar el evangelio quedándose en Éfeso por algún tiempo.

"Si llega Timoteo, ved que esté con vosotros sin temor, pues él hace la obra del Señor como también yo. Por tanto, nadie lo desprecie. Más bien, enviadlo en paz para que venga a mí, porque lo espero con los hermanos" (16:10-11).

Pablo educó a Timoteo con tanto amor que incluso lo llamó su hijo. Sin embargo, parece que él era un joven sin mucha experiencia, y que tenía un carácter muy suave y un cuerpo muy frágil.

La iglesia de Corinto tenía muchos problemas, incluyendo casos de celos, contiendas, adulterio y juicios entre hermanos en la fe. Timoteo debió haber estado nervioso o temeroso cuando debía ir a esa iglesia. Por eso Pablo les hace una petición, diciendo: "Si llega Timoteo, ved que esté con vosotros sin temor, pues él hace la obra del Señor como también yo".

A algunos de los miembros de la iglesia de Corinto no les agradaba Pablo, mientras que a otros sí. Él estableció la iglesia y les enseñó la verdad, pero algunos no querían aceptarlo y causaban divisiones en la iglesia. Es por eso que Pablo sintió necesario aconsejarlos como lo hizo. Ellos sabían que Pablo era un ministro poderoso, así que su carta jugaba un rol muy importante.

Los que aman a Dios y viven en la verdad no despreciarían ni menospreciarían a ningún siervo de Dios. ¿Qué pensaría usted si un pastor joven, recién ordenado, quien acaba de obtener la posición, acude a visitarlo y aconsejarle?

Si usted piensa: "Yo me imaginé que un pastor con mucha experiencia vendría. ¿Quién es este al que han enviado?", entonces no podrá recibir la gracia de Dios. Él no estará complacido con usted ni podrá obrar en su bien. Se necesita fe para aceptar al joven pastor como se aceptaría al Señor. Lo mismo ocurre con cualquier líder en la iglesia; debemos aceptarlos como aceptaríamos al Señor.

Cómo tratar con los líderes

"En cuanto a nuestro hermano Apolos, mucho lo animé a que fuera a vosotros con los hermanos, pero de ninguna manera tuvo el deseo de ir ahora; sin embargo, irá cuando tenga oportunidad" (16:12).

Este verso demuestra de qué manera trata el apóstol Pablo con los obreros de Dios. Él no le ordenó a Apolos que fuera sino que le animó a ir muchas veces diciendo que sería algo bueno. Sin embargo, Apolos no escuchó a Pablo. Él habría ido si Pablo le hubiera exigido que lo hiciera, pero Pablo no hizo eso.

Esta es la manera de tratar con los líderes de la iglesia y obreros de Dios. Podemos dar una orden si esta es la voluntad de Dios, pero cuando se trate de una idea nuestra, solo debemos aconsejar.

Apolos tenía una razón por la que no iría; una vez ministró en Corinto con el apóstol Pablo. En 1 Corintios 3:6 leemos: *"Yo planté, Apolos regó, pero Dios ha dado el crecimiento"*.

Sin embargo, debido a que había divisiones, pues algunos decían que eran de Apolos, otros de Pablo, y otros de Cristo o de Pedro, debe haberse sentido muy triste. Esa es la razón por la que no deseaba ir en realidad, y también tenía algunas razones personales. No obstante, Pablo dice que cuando llegue el momento oportuno, obedecerá e irá.

Pablo no tenía sentimientos adversos ni se enojó porque Apolo no aceptó su consejo; él siempre quería tener paz y se mantenía perdonando y comprendiendo a la otra persona poniéndose en su lugar.

Por consiguiente, no debemos actuar como Apolo o rechazar el consejo de aquellos que tienen una comunicación profunda con Dios. Esta es la manera en la que se puede llevar a cabo el reino de Dios de modo más rápido.

"Estad alerta, permaneced firmes en la fe, portaos varonilmente, sed fuertes. Todas vuestras cosas sean hechas con amor" (16:13-14).

Obviamente, debemos estar alertas para poder recibir salvación. Algunas personas inicialmente viven una vida muy apasionada en la fe, pero pronto se apagan y comienzan a amar las cosas del mundo otra vez, lo que se debe a que pierden la lucha contra el enemigo diablo. Tratar de recuperar las cosas espirituales otra vez es algo muy doloroso y difícil.

Cuando están llenos del Espíritu están gozosos y agradecidos, pero si pierden esa llenura, su gozo y gratitud desaparecen junto con la plenitud. Es por esto que debemos estar siempre alertas y orando.

'Permanecer firmes en la fe' significa que debemos pararnos en la roca de la fe. Si la casa está construida sobre una roca, no caerá cuando la golpeen los raudales, pero la casa construida sobre la arena fácilmente caerá.

Es muy importante tener fe que no es sacudida por ninguna prueba o tribulación. Esa es la fe que puede ser reconocida por Dios.

Si alguien quiere arrancar un árbol de raíz, lo primero que intentará será sacudirlo. Si las raíces son muy profundas y no se mueven, se rendirá después de sacudirlo un par de veces. Por el contrario, si el árbol cede tan solo un poco, seguirá sacudiéndolo pensando que podrá sacarlo de raíz. El enemigo diablo no nos sacudirá si estamos firmemente parados en la roca de la fe.

Es por eso que Pablo dice que actuemos varonilmente y que seamos fuertes. Es decir, debemos ser fuertes y valientes en la verdad, y poseer voluntad firme.

El verso 14 dice: "Todas vuestras cosas sean hechas con amor". Hacer algo sin amor es algo que no tiene relación alguna con Dios. Aunque hagamos algo muy bien, si se hizo a la fuerza, muchas personas pueden sufrir. Satanás obra en un ambiente como este.

Todo lo que hacemos por el reino y la justicia de Dios, sea algo grande o pequeño, debe hacerse con amor espiritual. Cuando hacemos algún servicio u obra voluntaria, no debemos hacerlo para presumir ante los demás o jactarnos de nosotros mismos. Debemos sacrificarnos por el reino de Dios y los hermanos en la fe, sin buscar nuestro propio beneficio. Debemos hacerlo todo para dar la gloria a Dios, con amor y generosidad.

Estar sujetos a todo el que ayuda en la obra y trabaja

"Os exhorto, hermanos (ya conocéis a los de la casa de Estéfanas, que fueron los primeros convertidos de Acaya, y que se han dedicado al servicio de los santos), que también vosotros estéis en sujeción a los que son como ellos, y a todo el que ayuda en la obra y trabaja" (16:15-16).

Estéfanas aceptó al Señor en Acaya. Él fue reconocido como alguien que se dedicó a servir a los hermanos en la fe ya que demostró ese tipo de actos. Dios nos dice que estemos en sujeción a tales hombres que trabajan por el reino y la justicia de Dios.

Hay varios tipos de personas en la iglesia: ricos, pobres, bien educados y menos educados, aquellos que tienen poder social y los que no lo tienen.

Si hay alguien que está trabajando diligentemente por el reino y la justicia de Dios, es un acto de fe el estar en sujeción a esa persona sin importar su condición social o financiera. Los verdaderos hijos de Dios lo harían.

Si no obedecemos a esta persona solo porque no es pudiente o conocedor, significa que somos arrogantes. Como dijo Jesús en Mateo 18:3: *"En verdad os digo que si no os convertís y os hacéis como niños, no entraréis en el reino de los cielos"*. Debemos saber que las personas arrogantes no podrán recibir salvación.

Reconocer a los que recrean nuestro espíritu

"Y me regocijo por la venida de Estéfanas, de Fortunato y de Acaico, pues ellos han suplido lo que faltaba de vuestra parte. Porque ellos han recreado mi espíritu y el vuestro. Por tanto, reconoced a tales personas. Las iglesias de Asia os saludan. Aquila y Priscila, con la iglesia que está en su casa, os saludan muy afectuosamente en el Señor. Todos los hermanos os saludan. Saludaos los unos a los otros con beso santo" (16:17-20).

Pablo elogia lo que Estéfanas, Fortunato y Acaico han hecho por el reino y la justicia de Dios. El apóstol Pablo pudo decir con valentía: "Sean imitadores de mí" porque él tenía el corazón de verdad, que era como el corazón de Cristo.

Por consiguiente, satisfacer, aliviar y complacer el corazón de Pablo era igual a agradar al Espíritu Santo y satisfacer el corazón de Dios. Por esta razón Pablo dijo a las personas que reconocieran a estos hombres.

La Biblia nos dice que difundamos las cosas buenas. En Marcos 12:43-44, Jesús elogió a la viuda que dio todo lo que tenía para continuar subsistiendo, y también dijo en Mateo 26:13: *"Dondequiera que este evangelio se predique, en el mundo entero, se hablará también de lo que ésta ha hecho, en memoria suya"*. La voluntad de Dios es que elogiemos y hagamos saber las cosas buenas y que le demos gloria a Dios.

El pasaje dice también: "...con la iglesia que está en su casa" porque en el tiempo de la iglesia primitiva no tenían edificios para la iglesia. En muchas ocasiones las iglesias iniciaban en los hogares. Al final del verso pide que se saluden unos a otros.

"Este saludo es de mi puño y letra—Pablo" (16:21).

Muchas veces otras personas ayudaron a Pablo a escribir sus cartas, por lo que, el hecho de que haya escrito la carta por sí mismo nos dice que amaba mucho a los miembros de la iglesia de Corinto. Los creyentes en Corinto también deben haber sentido su amor al leer la carta.

"Si alguno no ama al Señor, que sea anatema. ¡Maranata!" (16:22).

Este tipo de expresión no puede ser usada por cualquier persona. Solamente alguien que se ha despojado totalmente de toda forma de maldad y se ha santificado por completo puede decir algo así para que sea cumplido. Esta expresión es veraz.

La evidencia del amor al Señor es el acto de guardar Sus mandamientos (1 Juan 5:3). Sin importar cuánto decimos que amamos al Señor con nuestros labios, somos mentirosos y no seremos salvos si es que no ponemos en práctica Sus mandamientos. Es por eso que el apóstol Pablo dijo: "Si alguno no ama al Señor, que sea anatema".

Cuando los muchachos se burlaron de Eliseo diciendo: *"¡Sube, calvo; sube, calvo!",* él los maldijo y dos osas salieron y despedazaron a los 42 muchachos (2 Reyes 2:23-24). De igual manera, la palabra de un siervo de Dios que es reconocido por Él tiene el poder y la autoridad. Podemos leer en la Biblia que el derecho para bendecir y maldecir se otorga a los siervos que son amados por Dios al máximo (Génesis 12:3).

Si este siervo bendice a una persona que ha preparado su vaso para recibir bendiciones, esa bendición se le otorgará. Si maldice a una persona a quien se debe maldecir, esa maldición recaerá sobre ella. Es por eso que no debemos maldecir imprudentemente. Claro está que un verdadero siervo de Dios jamás maldecirá de ese modo a nadie sino únicamente siguiendo la dirección del Espíritu Santo y la verdad.

"La gracia del Señor Jesús sea con vosotros. Mi amor sea con todos vosotros en Cristo Jesús. Amén" (16:23-24).

El amor carnal, un amor fuera de Jesucristo, es inservible. Supongamos que un miembro de la iglesia ha cometido un pecado y el pastor no le llama la atención sino que lo elogia. Entonces, puede ser algo de su agrado, pero no podemos decir que es amor verdadero sino únicamente amor carnal sin valor alguno.

No debemos elogiar a las personas sin usar la discreción. Muchas veces, la persona que ha sido elogiada se torna arrogante por obra de Satanás. Por consiguiente, los elogios se deben otorgar de acuerdo a la dirección del Espíritu Santo.

Cuando Jesús elogió a Pedro quien acababa de confesar: *"Tú eres el Cristo, el Hijo del Dios viviente",* pronto Satanás comenzó a obrar (Mateo 16:16). Cuando Jesús dijo que Él debía sufrir muchas cosas para morir según la voluntad de Dios, Pedro trató de detenerlo. Entonces Jesús le dijo: *"¡Quítate de delante de mí, Satanás!"* (Mateo 16:23)

Por lo tanto, debemos saber discernir entre el amor espiritual y el amor carnal en todo aspecto. La expresión "en Cristo Jesús" en el pasaje anterior significa 'en el amor espiritual'. Para finalizar su carta, el apóstol Pablo bendijo a la iglesia de Corinto para que la gracia del Señor Jesucristo y el amor espiritual estuvieran con ellos.

Por medio de esta carta el apóstol Pablo enseñó a la iglesia de Corinto la voluntad de Dios y les dio respuestas específicas a varios problemas que tenían en la iglesia. Estos problemas no se limitan a la iglesia de Corinto únicamente; pueden ocurrir incluso en las iglesias de la actualidad. Si podemos aplicar estas respuestas a nuestras vidas y nuestra realidad, serán un buen hito en nuestra vida cristiana.

Pablo enfatizó primero el hecho de que no se debe juzgar de acuerdo a nuestro propio pensamientos, porque Dios es el único que puede juzgar. Él les aconsejó que se despojaran del adulterio, y que no se demanden entre hermanos en la fe sino que resuelvan los problemas siguiendo el orden en la iglesia. Él hizo énfasis en que debían evitar la idolatría y no buscar su propio beneficio

y explicó acerca de los dones del Espíritu, pidiéndoles que anhelaran el amor, que es el mayor don espiritual, y que lo cultivaran. Además les enseñó que actuaran con rectitud, estando alertas y teniendo esperanza y certeza de la resurrección. Les permitió conocer la voluntad de Dios acerca del evangelismo, el matrimonio y la Santa Cena.

Anhelo que todos guardemos los contenidos de la epístola de Pablo en el corazón, que entendamos la voluntad de Dios correctamente y que la pongamos en práctica con amor y generosidad. Estoy seguro de que Dios se sentirá complacido si actuamos de esta manera y nos da sobreabundantes bendiciones en este mundo y gran honor en el reino de los Cielos.

El autor:
Dr. Jaerock Lee

El Rev. Dr. Jaerock Lee nació en 1943 en Muan, Provincia de Jeonnam, República de Corea. A sus veinte años, él padeció de una serie de enfermedades incurables durante siete años, y al no tener ninguna esperanza de recuperación, él esperaba únicamente la muerte. Cierto día, durante la primavera de 1974, fue invitado por su hermana a una iglesia, y cuando se inclinó para orar, el Dios vivo inmediatamente lo sanó de todas sus enfermedades.

Desde el momento en que el Rev. Dr. Lee conoció a Dios a través de aquella experiencia maravillosa, él ha amado a Dios con todo su corazón y sinceridad. En 1978 él recibió el llamado a ser un siervo de Dios. Clamó fervientemente a fin de entender con claridad la voluntad de Dios y llevarla a cabo por completo, y obedeció a cabalidad la Palabra de Dios. En 1982 fundó la Iglesia Central Manmin en Seúl (Corea del Sur), e innumerables obras de Dios, incluyendo sanidades o prodigios milagrosos, han tomado lugar en la iglesia.

En 1986 el Rev. Dr. Lee fue ordenado como pastor en la Asamblea Anual de la Iglesia de Jesús de Sungkyul de Corea, y cuatro años más tarde sus sermones empezaron a ser transmitidos en Australia, Rusia, las Filipinas, y otros lugares a través de la Compañía de Radiodifusión del Lejano Oriente, la Estación de Radiodifusión de Asia, y el Sistema Radial Cristiano de Washington.

Luego de transcurridos tres años, en 1993, la Iglesia Central Manmin fue denominada por la Revista Christian World de EE. UU. como una de las '50 Iglesias Principales del Mundo'. El mismo año el Dr. Lee obtuvo un Doctorado Honorario en Teología en Christian Faith College, Florida, EE. UU., y en 1996 obtuvo un Ph.D. en Ministerio en el Seminario Teológico de Kingsway en Iowa, EE. UU.

Desde 1993, el Rev. Dr. Lee ha tomado la batuta en el área de las misiones mundiales a través de cruzadas evangelísticas internacionales en Tanzania, Argentina, Los Ángeles, Baltimore, Hawái, y la ciudad de Nueva York en los Estados Unidos, Uganda, Japón, Pakistán, Kenia, las Filipinas, Honduras, India, Rusia, Alemania, Perú, República Democrática de Congo, Israel y Estonia.

En el año 2002, los principales diarios cristianos de Corea lo nombraron 'el evangelista mundial' por su labor poderosa en varias Grandes Cruzadas Unidas internacionales. Su Cruzada Nueva York 2006 realizada en el Madison Square Garden, el coliseo más famoso del mundo, se transmitió a 220 naciones, y durante su Cruzada Unida Israel 2009 realizada en el Centro Internacional de Convenciones de Jerusalén, él proclamó con valentía que Jesucristo es el Mesías y Salvador. Sus sermones se transmiten a 176 naciones vía satélite, incluyendo GCN TV. Fue nombrado como uno de 'Los diez líderes cristianos con mayor influencia' en el año 2009, y en el 2010 se destacó en *InVictory,* la popular revista cristiana de habla rusa y la agencia *Christian Telegraph* por su poderoso ministerio de televisión y pastorado a nivel mundial.

Hasta Febrero de 2016, la Iglesia Central Manmin cuenta con una congregación de más de 120 000 miembros; tiene 10 000 iglesias filiales locales e internacionales en el mundo entero, incluyendo 56 iglesias filiales locales y más de 102 misioneros que han sido comisionados a 23 países, entre ellos los Estados Unidos, Rusia, Alemania, Canadá, Japón, China, Francia, India, Kenia, y muchos más.

Hasta la fecha de esta publicación, el Dr. Lee ha escrito 100 libros, incluyendo algunos en lista de superventas de librería tales como *Gozando de la Vida Frente a la Muerte, Mi Vida, Mi Fe I y II, El Mensaje de la Cruz, La Medida de Fe, Cielo I Y II, Infierno,* y *El Poder de Dios.* Sus obras han sido traducidas a más de 76 idiomas.

Sus editoriales cristianos se publican en los diarios *The Hankook Ilbo, The Chosun Ilbo, The JoongAng Daily, The Dong-A Ilbo, The Munhwa Ilbo, The Seoul Shinmun, The Kyunghyang Shinmun, The Korea Economic Daily, The Korea Herald, The Shisa News,* y *The Christian Press.*

El Dr. Lee es actualmente el líder de muchas organizaciones y asociaciones misioneras, entre ellas: Presidente de la Iglesia de la Santidad Unida de Jesucristo, Presidente vitalicio de la Asociación de Avivamiento y Misiones Cristianas Mundiales, Fundador y Presidente de la Junta de la Red Cristiana Mundial (GCN por sus siglas en inglés), Fundador y Presidente de la Junta de la Red Mundial de Médicos Cristianos (WCDN por sus siglas en inglés), y Fundador y Presidente de la Junta del Seminario Internacional Manmin (MIS por sus siglas in inglés).

Cielo I & II

Una descripción detallada del maravilloso y vívido ambiente que los ciudadanos del Cielo disfrutarán en los cinco niveles del Reino de los Cielos, además de una hermosa descripción de cada uno de ellos.

El Mensaje de la Cruz

Un poderoso mensaje de avivamiento para todos aquellos que están espiritualmente adormecidos. En este libro encontrará la razón por la que Jesús es el único Salvador y es el verdadero amor de Dios.

Infierno

Un sincero y ferviente mensaje de Dios para toda la humanidad. ¡Dios desea que ningún alma caiga en las profundidades del infierno! Usted descubrirá una descripción nunca antes revelada de la cruel realidad del Hades y del Infierno.

Espíritu, Alma y Cuerpo I & II

Una guía que otorga comprensión espiritual del espíritu, el alma y el cuerpo y ayuda a descubrir el tipo de 'persona' que hemos llegado a ser, para que podamos obtener el poder para derrotar a las tinieblas y convertirnos en personas del espíritu.

La Medida de Fe

¿Qué tipo de lugar celestial y qué tipo de corona y recompensas están preparadas para usted en el Cielo? Este libro proporciona la sabiduría y guía para que usted mida su fe y cultive una fe mejor y más madura.

¡Despierta Israel!

¿Por qué ha mantenido Dios sus ojos sobre el pueblo de Israel desde el principio del mundo hasta hoy? ¿Qué tipo de providencia ha preparado Dios para Israel en los últimos días mientras esperan al Mesías?

Mi Vida, Mi Fe I & II

La autobiografía del Dr. Jaerock Lee proporciona un fragante aroma espiritual a los lectores a través de su vida extraída del amor de Dios que brotó en medio de olas oscuras, un yugo frío y la mayor desesperación.

El Poder de Dios

Un libro que toda persona debe leer, ya que sirve como una guía esencial por medio de la cual podemos llegar a poseer fe verdadera, además de experimentar el maravilloso poder de Dios.